LEONARDO DA VINCI AND HIS SUPER-BRAIN
Text copyright © Michael Cox, 2003
Illustrations copyright © Clive Goddard, 2003
All rights reserved.
Korean translation copyright © 2011 by Gimm-Young Publishers, Inc.
Korean translation rights arranged with Scholastic Ltd through EYA
(Eric Yang Agency)

이 책의 한국어판 저작권은 에릭양 에이전시를 통해 Scholastic Ltd와 독점 계약한
(주)김영사에 있습니다. 저작권법에 의하여 한국 내에서 보호를 받는 저작물이므로
무단 전재와 복제를 금합니다.

앗, 이렇게 재미있는 사회·역사가!

만능 천재 레오나르도 다 빈치

마이클 콕스 글 | 클리브 고다드 그림 | 위문숙 옮김

주니어김영사

만능 천재 레오나르도 다 빈치

1판 1쇄 인쇄 | 2011. 6. 30.
개정 1판 1쇄 발행 | 2019. 12. 5.

마이클 콕스 글 | 클리브 고다드 그림 | 위문숙 옮김

발행처 김영사 | 발행인 고세규
등록번호 제 406-2003-036호 | 등록일자 1979. 5. 17.
주소 경기도 파주시 문발로 197(우10881)
전화 마케팅부 031-955-3100 | 편집부 031-955-3113~20 | 팩스 031-955-3111

값은 표지에 있습니다.
ISBN 978-89-349-9862-4 74080
ISBN 978-89-349-9797-9 (세트)

좋은 독자가 좋은 책을 만듭니다. 김영사는 독자 여러분의 의견에 항상 귀 기울이고 있습니다.
독자의견전화 031-955-3139 | 전자우편 book@gimmyoung.com
홈페이지 www.gimmyoungjr.com | 어린이들의 책놀이터 cafe.naver.com/gimmyoungjr

이 도서의 국립중앙도서관 출판시도서목록(CIP)은 서지정보유통지원시스템
홈페이지(http://seoji.nl.go.kr)와 국가자료공동목록시스템(http://www.nl.go.kr/kolisnet)에서
이용하실 수 있습니다. (CIP제어번호 : CIP2019031441)

어린이제품 안전특별법에 의한 표시사항
제품명 도서 제조년월일 2019년 12월 5일 제조사명 김영사 주소 10881 경기도 파주시 문발로 197
전화번호 031-955-3100 제조국명 대한민국 ⚠주의 책 모서리에 찍히거나 책장에 베이지 않게 조심하세요.

차례

책머리에	7
시골 소년	11
왁자지껄 르네상스	21
베로키오 공방에서 하나씩 하나씩!	32
그림이 울퉁불퉁? 입체니까!	41
꽃피는 청년 다 빈치	49
조각조각 이탈리아	60
공책과 펜만 있으면 저절로 끼적끼적……	72
자, 일자리를 주시오!	81
엄청나게 큰 말	94
예수 그리스도, 최고의 스타	108
물이야, 물!	122
위험한 인물과 잔인한 인간	130
프레스코 스타	145
신비한 미소!	159
높은 야망과 신기한 종달새	168
게으른 천재	180

책머리에

수많은 사람들이 레오나르도 다 빈치가 세상에서 가장 유명한 〈모나리자〉를 그린 이탈리아 화가라는 것을 다 안다.

그보다 더 많은 사람들은 레오나르도 다 빈치를 두고 시대를 훌쩍 뛰어넘는 과학 천재요, 수학자요, 공학자라고 한다. 다 빈치는 오늘날에 와서야 실물로 만든 헬리콥터며 탱크며 잠수함이며 아주 깔끔한 변기를 이미 수백 년 전에 설계해 놓았다.

어떤 사람들은 머리가 아주 좋다는 멘사 회원을 다 합쳐 봤자 다 빈치에 댈 바가 아니라고 내세운다. 다 빈치는 인간의 영혼을 탐구했고, 가장 신비롭고 복잡한 인체 구조를 기막히게 아름답고 섬세한 그림으로 그렸으며, 드넓고 복잡한 우주에서 인류가 차지하는 위치와 그 목적을 밝히고자 끝없이 매달렸기 때문이다.

또 몇몇 사람들은 다 빈치가 손수 악기를 만들고 곡을 써서 사람들 앞에서 멋지게 연주했다 하여 다 빈치를 음악가로 여긴다.

더구나 다 빈치가 기막히게 새로운 대도시와 건물과 수로를 생각해 낸 건축가이자, 지도 제작자이자, 도시 계획자라고 주장하는 사람들도 있다. 과연 사실일까?

진짜 놀랍게도 그 모든 말은 한마디도 어긋나지 않았다. 게다가 다 빈치의 업적은 그걸로 끝이 아니다! 15세기에 직업 상담 선생님이 있었다면 다 빈치에게 알맞은 직업을 골라 주느라 머리에 쥐가 났을지도 모른다. 다 빈치는 (하늘을 벗어나는 일을 비롯하여) 하늘 아래 모든 일에 다 매력을 느꼈다. 다 빈치가 67년이란 삶을 살면서 뛰어난 두뇌로 이루어 낸 업적은 보통 사람들이 백 년 걸려 생각해 낸 수준을 훨씬 웃돌았다.

다 빈치는 여러 분야에서 두각을 나타냈을 뿐만 아니라 어느 모로 봐도 흠잡을 데가 없었다! 아주 잘생겼고 말쑥한 멋쟁이에 몸이 탄탄하여 운동 실력도 남에게 뒤지지 않았다. 얼마나 힘이 셌는지 한 손으로 말굽을 구부릴 정도였다. 승마 솜씨도 뛰어났고 펜싱 솜씨도 남달랐지만, 칼을 휘두른 적은 없었다(그림 그리느라 목탄을 휘둘렀을 뿐이다). 게다가 세상 모든 일을 두루 꿰는 지혜가 번뜩였으며, 유쾌한 익살꾼이었다. 더 놀라운 사실은 다 빈치가 제대로 된 학교에 다녀 본 적이 없다는 것이다!

이제 온 인류 가운데 가장 똑똑하고 새로운 것을 가장 많이 생각해 냈다는 다 빈치의 기가 막히고 코가 막히는 이야기와 믿기 어려운 사건을 이 책에서 살펴보자. 이를테면…….

- 다 빈치가 왜 사제에게 물 한 동이를 끼얹었는지.
- 도대체 다 빈치가 무슨 짓을 했기에 아버지가 무서워서 벌벌 떨었는지.
- 스승이 왜 붓을 꺾었는지.
- 사람의 뼈대와 끈으로 뭘 했는지.
- 군대 전체를 물에 빠뜨리려고 어떤 계획을 세웠는지.

이 책에는 시대를 몇백 년이나 앞선 놀라운 발명품 이야기도 나온다. 또한 다 빈치가 선을 표현하는 기법 드로잉을 그리는 비결뿐 아니라 대작을 그리는 방법과 '이탈리아 미술 용어'에 대한 설명도 알려 줄 것이다. 그 정도로는 입맛이 당기지 않는다고? 그럼 전설이 되어 버린, 사라진 다 빈치 공책을 보는 건 어때? 세상과 인생과 이탈리아 수프 미네스트로네에 대한 깊은 사상을 파헤쳐 보는 거야.

다 빈치가 말하기를…….

그러니 다들 회색 뇌세포를 깨우고 머릿속을 가다듬은 뒤에 다 빈치의 삶과 뛰어난 두뇌 속을 탐험해 보자!

시골 소년

레오나르도 다 빈치는 1452년 4월 15일 토요일 밤 10시 30분에 성벽으로 둘러싸인 언덕에 있는 마을 이탈리아 빈치에서 태어났다. 우아! 굉장한 우연의 일치라고? 천만의 말씀! 다 빈치는 성씨가 아니다. 이름은 빈치 마을에 사는 레오나르도란 뜻이다.

엄마 카타리나는 열여섯 살 난 하녀였고, 아빠 세르 피에로 다 빈치는 공증인 (법조인과 비슷한데 번쩍번쩍한 커다란 차와 노트북 컴퓨터를 장만할 정도는 아니다) 이었다. 카타리나는 분명히 세르 피에로를 좋아했지만 세르 피에로와 결혼하지 못했다. 다 빈치가 태어나던 해에 세르 피에로는 카타리나보다 집안이 더 좋은 열여섯 알비에라와 결혼했던 것이다. 그 뒤 얼마 지나지 않아서 카타리나는 어린 다 빈치를 세르 피에로에게 보내고 세르 피에로보다 신분이 낮은 사람과 결혼했다.

하지만 세르 피에로와 아내는 일 때문에 피렌체로 가서는 발길이 뜸했다. 다 빈치는 엄마 아빠가 둘씩 있었는데도, 결국 할머니 할아버지 품에서 프란체스코 삼촌을 따라다니며 어린 시절을 보냈다. 아빠 동생인 프란체스코 삼촌은 다 빈치 가문의 올리브밭과 목장과 포도밭과 남겨진 아이들까지 돌보았다.

　다 빈치는 프란체스코 삼촌과 시골 곳곳을 누비며 햇살과 즐거움을 맛보는 가운데 무럭무럭 자라났다. 빈치 마을은 아르노 강 계곡을 굽어보는 곳에 있었다. 언덕이 많은 시골답게 멋들어진 개울과 어마어마한 목장과 아름다운 못과 신기한 숲이 빼어난 경치를 뽐내는 마을이다. 이처럼 눈부신 자연의 아름다움은 다 빈치에게 큰 영향을 미쳤다. 그 때문에 다 빈치는 자연을 이해했고 그런 감정이 평생을 갔다. 프란체스코 삼촌이 포도밭과 올리브밭을 돌볼 때면 어린 다 빈치는 삼촌에게 질문을 끝없이 퍼부었다. 주변 언덕에서 짹짹거리고 꿀꿀거리고 끽끽거리는 귀여운 생물에 대해서 말이다.

어린 시절은 시시콜콜 알려진 것이 없지만 아마도 다 빈치가 자연 풍경에 마음을 빼긴 채 홀로 이리저리 돌아다니며 나무니 바위니 동물이니 온갖 것을 그렸으리라 생각된다. 초기 드로잉 중에 못에서 노는 두 마리 오리 그림이 있는데 아마도 빈치 부근에서 그린 듯하다.

어느 정도 자란 다 빈치는 연필과 스케치북을 어디든 들고 다녔으며 눈에 띄는 것마다 닥치는 대로 그렸다. 오늘날 사람들이 카메라를 들고 다니다가 멋진 광경이나 별난 사람

을 보면 무조건 셔터를 눌러 대는 것과 마찬가지였다. 다 빈치는 이런 습관을 평생 버리지 못했다. 공책이 무지무지 중요했다. 놀라운 장면을 본 순간 마음속에 막 떠오른 생각과 궁금증과 모습을 바로바로 남겨야 했기 때문이다. 그렇지 않으면 새로운 생각이 또 고개를 들었다!

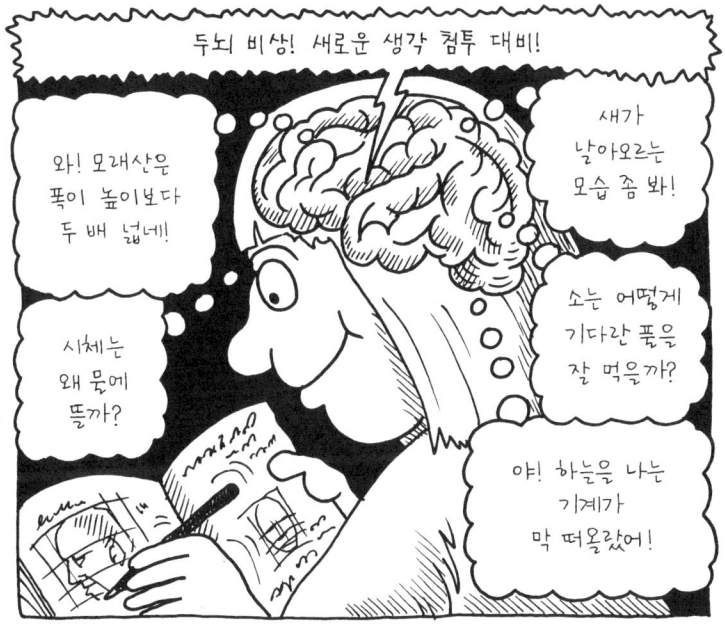

다 빈치는 또한 어떻게 하면 그림 솜씨가 쑥쑥 늘어날지 적어 두었다. 사람을 재빨리 스케치하는 요령을 다음과 같이 남겼다.

다 빈치의 가르침

사람 빨리 그리기: 사람을 뼈대만 살려 재빨리 그리되 선을 단순하게 써라. 머리는 'O'로 그리고 팔다리와 몸통(술통과 헷갈리면 안 된다)은 직선과 곡선으로 그린다.

그러고는 집으로 가서 그림을 정교하게 다듬을 것.

눈과 손의 동작 일치시키기 연습: 판지를 다양한 모양으로 오려 높은 곳에서 떨어뜨린다. 판지가 떨어지면서 생기는 갖가지 움직임과 모양을 재빨리 그려 낸다. 이렇게 하면 눈과 손의 움직임이 딱딱 맞아떨어진다!

 다 빈치가 토스카나 주 시골 마을에 살았을 때 그림 솜씨만 늘어난 게 아니었다. 10대 무렵에는 장식품을 다루는 손재주도 제법이었다.

엄청나게 무시무시한 방패 이야기

다 빈치 영지에 사는 한 농부가 방패로 쓰려고 무화과나무를 베어 왔다. 농부는 방패에 무늬를 넣어 달라며 세르 피에로에게 방패를 가져왔다.

솜씨 좋은 피렌체 화가한테 이 방패 좀 꾸며 달라고 해 주십쇼, 나리. 값은 치르겠습니다!

그야 어렵지 않지! 그러면 송어와 멧돼지는 내야 하네.

꽤 많은 세르 피에로는 방패를 당장 다 빈치에게 넘겼다.

얘야, 이 볼품없는 방패를 그럴싸하게 만들 수 있겠지?

그럼요, 아빠. 문제없어요!

방패는 뒤틀리고 지저분하여 엉망진창이었다. 하지만 손재주가 뛰어난 다 빈치는 방패를 깨끗이 다듬은 뒤에 가장 좋은 니스를 발라 광을 냈다.

다 빈치는 방패에 들어갈 무시무시한 모습을 떠올려 보았다. 그래서 죽은 도마뱀과 박쥐와 귀뚜라미와 뱀 따위의 섬뜩한 짐승을 모았다.

진짜 재미있다! 난 어려운 일이 왜 이렇게 좋냐.

야…, 정말 징그럽네!

다 빈치의 가르침

상상력 기르기: 상상력을 키우거나 창의성을 불러내고 기발한 생각을 떠올리고 싶다면 벽에 묻은 얼룩덜룩한 자국을 보아라. 한참 들여다보고 있노라면 기막히게 멋진 산이나 근사한 나무나 핏자국이 뚜렷한 전쟁터나 괴상한 얼굴이나 낯선 옷차림이 보일 것이다(상상력이라고는 눈곱만큼도 없다고? 그럼 얼룩만 보일 테지).

다 빈치는 무럭무럭 자라 햇살 눈부신 토스카나 주 시골을 돌아다녔으며, 미네스트로네(다 빈치가 가장 좋아하는 수프)를 먹었고, 과학과 수학의 끝없는 신비에 푹 빠져들었다. 당연히 예술 분야에도 손을 놓지 않았다. 오늘날에는 학교에서 공부하지만, 그때 다 빈치는 사제에게 깃펜 끝을 물어뜯지 말라는 잔소리를 들으며 읽기, 쓰기, 셈하기를 비롯하여 귀족과 악수할 때 코를 풀지 말라는 예절 따위를 배웠을 것이다.

다 빈치 얼굴에 여드름이 베수비오 화산 분화구처럼 하나둘 자리 잡고 수염이 막 나자 세르 피에로는 똑똑한 아들을 데리고 아예 빈치를 떠나기로 마음먹었다. 그래서 역사상 가장 유명한 천재로 꼽힐 신동 레오나르도 다 빈치는 열다섯 살이 되자 15세기 유럽에서 가장 흥미진진하고 굉장하고 멋진 도시 피렌체로 훌쩍 떠났다!

왁자지껄 르네상스

몇 세기에 사느냐 하는 것에 따라 달라지겠지만, 빈치에서 피렌체까지 순한 당나귀를 타고 간다면 꼬박 하루가 걸리고 택시를 타고 간다면 한 시간이 걸린다.

피렌체는 한동안 위험하고 질병이 들끓는 도시였으나 레오나르도 다 빈치가 아빠를 따라 옮겨 갈 무렵에는 흥밋거리와 활기와 새로운 사상을 비롯하여 큰 모기가 판을 치는, 대단히 부유한 도시였다! 엄청나게 돈이 많은 상인들과 입이 딱 벌어질 만큼 재주 있고 창의성 뛰어난 예술가들이 바글거려 열 발자국만 걸어도 천재 예술가나 크게 이름난 장사꾼과 부딪칠 정도였다. 따라서 여러 문명국가는 피렌체를 세상에서 가장 신나고 시대와 유행을 이끄는 도시로 꼽았다.

피렌체와 몇몇 유럽 도시가 활기찬 곳으로 꼽힌 까닭은 다빈치가 태어나기 전 유럽에서 일어난 큰 변화 때문이었다. 그 때문에 사람들은 생각과 행동과 삶이 달라졌다.

그 큰 변화란 모두가 움직이고 곰곰이 생각하고 열심히 탐구

하고 마음껏 기뻐하는, 왁자지껄 떠들썩한 르네상스다!
 학문과 예술이 막 피어나려는 이 시기에 다 빈치는 과연 어떤 역할을 맡았을까? 다음에 나오는 내용부터 살펴보자.

르네상스 소개

서기 500년 즈음 고대 로마 제국이 쓰러지자, 거칠고 고약한 야만족이 유럽 땅으로 쳐들어왔다. 야만족은 하나같이 천하고 주먹을 잘 쓰고 예의가 없었다. 이런 어지러운 때에 주먹다짐과 굶주림과 무력감이 퍼져 나갔고 서유럽은 훗날 일컫듯 '중세 시대'로 접어들었다.

그렇지만 중세가 온통 우울하고 불행한 시대만은 아니었다. 야만족이 나타나면서 멋진 고딕 성당과 훌륭한 스테인드글라스와 여러 색실로 그림을 짜 넣은 우아한 태피스트리와 아름다운 필사본 등 아주 눈부신 예술이 탄생했다. 게다가 대학과 병원과 은행도 모두 중세에 등장한 것이다. 하지만 거의 미신과 무지몽매가 활개를 치는 시대였으므로 인류의 진보나 행복은 전혀 기대할 수 없었다.

중세 시대는 약 14세기까지 내려오다 그 뒤로 천천히 변화의 물결이 일어났다. 특히 이탈리아 북부와 바다보다 땅이 낮은 나라(오늘날 네덜란드와 벨기에)가 점차 크게 번영하면서 평화를 찾았다.

이처럼 안정을 찾다 보니 새로운 발견과 창조의 시대가 열리고 마침내 프랑스 어로 재생, 부활이란 뜻의 르네상스가 등장했다!

르네상스는 유럽 역사에서 가장 중요한 시대로 여긴다. 아무데서나 코를 후벼 파고 걸핏하면 발길질을 하던 무식한 수천 머저리들이 배우고 깨우쳐 감성 넘치는 인물로 다시 태어나 자기가 사는 세상에 관심과 흥미를 보이고 뭐든 알아내야겠다며 법석을 피우는 시대였기 때문이다.

예전에는 이런 생각이 널리 퍼져 있었다.

그렇지만 르네상스 시대에는 생각이 달라졌다.

그러다 갑자기 학문과 탐구와 발견이 다시 어리석음과 무지의 상태로 돌아갔다! 그러자 다음과 같은 모습이 나타났다.

1. 르네상스 시대 똑똑한 사람들은 고대 그리스 문명과 고대 로마 문명을 되돌아보고 이런 말을 했다.

2. 학자들은 옛날 현자들이 남긴 정치와 인생과 법을 공부하기 시작했으며 예술가들은 고전 희곡과 시와 조각과 건축물을 보고 위대한 예술품으로 만들어 냈다.

3. 예술가들은 작업 방식과 작품 주제에 대해 다시 생각해 보았다.

4. 진정한 탐구 정신이 퍼져 나갔다. 별안간 사람들은 모든 것을 하나도 남김없이 알고자 했다. 과학! 역사! 자연! 예술! 이런 것도 알고자 했다.

5. 사람들은 두 발 딛고 선 세상에만 눈길을 준 것이 아니라 저 너머 아주 큰 세계도 기를 쓰고 알아내려고 했다. 바스코 다 가마와 페르디난드 마젤란과 크리스토퍼 콜럼버스와 같은 탐험

가가 닻을 올리고 수평선 너머 새로운 곳을 찾아 배를 띄웠다.

6. 상인들은 뱃사람들이 찾아낸 머나먼 나라 사람들을 상대로 물건을 마구 사고팔았다. 큰 마을이나 도시는 사람들 살림살이가 한결 나아졌다. 사람들은 머나먼 곳에서 들여온 신기한 물건에 돈을 쓰고자 했다. 결국 수완이 좋은 상인은 주머니가 두둑해졌다. 다시 말해서 미술품이나 건축이나 조각에 돈을 들일 여유가 생겼다는 뜻이다! 특히 예술품은 하느님의 영광을

드러내는 도구가 되었다. 부자는 이런 예술품을 사들임으로써 지나치게 돈이 많다는 죄의식을 슬쩍 덜어 냈다.

7. 15세기 중반에는 요하네스 구텐베르크가 독일에서 유럽

최초로 활자를 발명했다. 그전에는 책을 일일이 손으로 써서 만들었기 때문에 책이 워낙 귀했다. 다 빈치가 40대 후반이 되자 유럽에서는 인쇄기가 약 천여 대가 돌아갔다. 그 결과 많은 사람들이 읽고 쓸 수 있는 세상이 되었다.

입이 딱 벌어질 만큼 똑똑하고 탐구심 높고 재주 많은 청년 다 빈치에게 15세기 피렌체야말로 천재로서 첫발을 내디딜 만한 가장 알맞은 곳이자 가장 좋은 때였다.

사라진 다 빈치 공책 1469년

3월

이제 시골뜨기 삶은 영영 이별이다. 피렌체라는 멋진 도시로 옮겼기 때문이다. 이 큰 도시에는 온갖 별난 사람들로 붐빈다. 그 사람들은 세련된 차림으로 근사한 말을 타고 다닌다. 사방팔방이 눈요깃거리로 가득하다.

나 ♥ 말!

이 멋진 도시에는 학식과 재주와 창조성을 모두 갖춘 인재가 수두룩하다! 그리고 장사를 하러 이곳으로 몰려든 수많은 외국인은 위대한 예술에 감탄을 금치 못한다. 어제는 피렌체의 위대한 천재 브루넬레스키가 설계한 멋진 성당 돔을 구경했다.

두오모 성당의 둥근 지붕

여기는 볼거리가 너무 많아서 정신을 못 차릴 지경이다! 어제 보았던 메디치 가문 사람은 아마도 로렌초 같다. 메디치 가문은 여기 피렌체에서는 최고의 집안이다. 메디치 가문 일을 맡고 있는 아빠는 그 가문 사람들을 잘 사귀어 놓으라고 귀띔해 주었다. 메디치 집안은 상상도 못할 만큼 부자다!

4월
아빠는 내가 일을 제대로 배워야 한다고 하셨다. 뭘 하면 좋을까? 엄마와 아빠는 정식으로 결혼한 사이가 아니라서 난 법률가나 은행가나 의사나 약사는 될 자격이 없다. 그러니 피렌체 대

학에서 라틴 어나 기하학이나 법학을 배워 봤자 도움이 안 된다. 그래서 아빠가 예술을 배우라고 이 도시에서 가장 뛰어나다고 소문난 안드레아 델 베로키오 밑으로 나를 들여보냈다. 난 거기에서 고깃집 아들이나 빵집 아들이나 파스타 요리사네 아들 같은 평범한 젊은이들과 함께 지낼 것이다. 나로서는 공부도 하고 그림도 그리고 이것저것 만들어 볼 수 있으니 그걸로 그만이다. 기하학 같은, 뭐 그딴 걸 못 배운다고 해서 속상하진 않다. 나중에 혼자서도 얼마든지 공부할 수 있으니까! 내일이면 안드레아 델 베로키오 공방에 가는 첫날이다. 기다리느라 목이 빠질 것 같다!

베로키오 공방에서 하나씩 하나씩!

근사한 예술 작품이라면 안드레아 델 베로키오가 으뜸이었다. 머나먼 곳에 사는 이름난 사람과 높은 자리에 앉은 사람까지 베로키오 공방으로 몰려와서 큰 작품을 주문하고 갔다.

안드레아 델 베로키오(1435~1488년)

베로키오는 어렸을 때 겪은 일에 얽매여 평생을 산 사람이다. 어느 날 친구들과 돌멩이를 던지며 놀았는데, 뜻하지 않게 베로키오가 던진 돌멩이가 어떤 소년의 머리에 맞았다. 안타깝게도 돌멩이를 맞은 소년은 죽었고 베로키오는 살인범으로 잡혀갔다. 그러나 감옥에 갇힌 지 몇 주 만에 도로 풀려났다. 그때 피렌체에서는 사고로 죽는 일이 워낙 흔했기 때문이다. 하지만 그 끔찍한 기억은 두고두고 지워지지 않았다. 몇 년이 지나서 베로키오는 다윗(골리앗을 죽인 소년)을 조각하면서 다윗의 손에 물매와 돌 대신 칼을 들려 놓았다. 어릴 적 겪은 일이 너무 괴로웠기 때문이다.

베로키오는 젊은 날에 금세공인 밑으로 들어가 보석을 깎고 귀금속을 다듬고 쇠붙이를 녹이는 일을 비롯하여 여러 섬세한 금세공을 배웠다. 마침내 베로키오는 조각가이자 화가가 되어 1464년에 무지무지 돈도 많고 힘도 센 메디치 가문의 비석을 깎게 되었다. 그야말로 행운을 거머쥔 셈이었다. 베로키오가 메디치 가문의 조각가로 발을 들이자, 일이 물밀듯이 밀려들어 베로키오는 정말로 뜨는 조각가가 되었다!

베로키오 공방

피렌체 램 거리에 있는 베로키오 공방은 예술가와 도제가 북새통을 이루며 뼈 빠지게 일하는 공방이었다. 그때 예술가는 재주 따위는 눈곱만큼도 없으면서 입으로만 떠벌리며 으스대는 그런 사람이 아니었다(오늘날 몇몇 유명한 예술가가 그렇지만). 진정 예술에 온몸을 바치는 장인이었으니, 몇십 년 넘게 길고

도 고된 도제 시절을 보내며 솜씨와 요령을 익혔다. 따라서 예술가의 공방이란 겉멋만 들린 채 아무 재주 없이 노닥거리는 소굴(오늘날 몇몇 유명한 공방이 그렇지만)이 아니었다. 뛰어난 솜씨에 땀 흘리는 장인이 모여서 자자손손 기릴 만큼 아름다운 예술품을 빚어내는 최고의 공방이었다.

날이면 날마다

　피렌체 거리에는 베로키오 공방 같은 곳이 수두룩했으며 레오나르도 다 빈치와 비슷한 소년들이 너도나도 몰려들어 드로잉이나 그림이나 조각이나 금세공 같은 기술을 배웠다. 공방을 드나드는 소년은 첫해에는 디세폴로란 이름을 달고 심부름이나 허드렛일을 도맡았다. 주로 다음과 같은 일을 했다.

디세폴로는 공방을 드나들며 장인이나 예술가의 어깨너머로 그림을 배우고, 오가는 길에 다른 도제의 이야기를 주워들으며 배웠다. 그렇게 시간이 날 때마다 드로잉 기법을 익혔다.

첫해를 넘기면 디세폴로는 가르조니란 이름을 달고 숙련된 예술가라면 꼭 갖춰야 할 재주를 하나씩 배워 나갔다.

바로 다음과 같은 것이다.

1. 주름 그리는 법

이 기법은 아주 중요했다. 훗날 성경에 나오는 인물의 옷에 잡힌 주름을 섬세하게 그려서 먹고살아야 했기 때문이다. 주름은 모양이 우아하고 그늘이 지므로 제대로 그리면 무척 아름다웠다. 도제들은 그 기법을 배우려고 스승이 그린 드로잉을 베껴 그리거나 주름이 펴지지 않도록 특별히 뻣뻣하게 풀을 먹인 천을 갖다 놓고 눈으로 보며 그렸다.

2. 물감 재료 준비하기

르네상스 시대에는 서둘러 걸작을 끝내고 싶더라도 여섯 색깔 그림물감이나 캔버스나 붓을 화방에서 살 수가 없었다. 붓이며 그림물감이며 광택제를 공방에서 직접 만들어야 했다. 따라서 도제는 다음과 같은 일을 맡았다.

안료 곱게 갈아 놓기

안료는 그림에 색깔을 더해 주는 재료다. 르네상스 시대에는 돌이나 흙을 갈아서 황토색을 만들었고 준보석인 청금석을 갈아서 감색(영어로 감색을 가리키는 ultramarine은 이탈리아가 아프가니스탄에서 들여왔기 때문에 바다를 건넜다는 뜻으로 붙인 이름)을 만들었다. 하지만 어떤 안료는 천연 소재에서 그 원료를 얻기도 했다. 이를테면 선홍색은 연지벌레를 으깨서 만들었다.

붓 만들기

부드러운 붓털은 족제비나 담비나 북방족제비(겨울털이 흰색으로 변하는 족제비)의 꼬리털로 만들었다. 그 꼬리털을 몇 가닥씩 묶어서 속이 빈 깃대 속으로 넣고 그 반대쪽 깃대에는 나무로 만든 손잡이를 끼웠다.

뻣뻣한 붓은 돼지 털로 만들었는데, 벽을 하얗게 칠하고 나면 붓털이 부드러워졌다.

화판 준비하기

화판으로 만들 나무는 끝이 갈라지지 않도록 물에 넣고 삶은 뒤 가죽을 고아 굳힌 아교풀을 발랐다. 마지막으로 화판 바닥이 반반하도록 물에 갠 석고 가루를 발랐다.

3. 장인이 되는 길

솜씨를 인정받은 도제는 주문이 들어온 작품에서 배경이 되는 건물이나 나무나 사람을 그리는 것 같은 좀 더 중요한 일을 맡았다. 그렇게 되려면 르네상스 시대 공방에서 쓰던 두 가지 중요한 기법쯤은 눈 감고도 그릴 줄 알아야 했다.

템페라

템페라에 쓰는 물감은 물에 탄 달걀노른자로 안료를 녹여 만들었다. 물감이 눈 깜짝할 사이에 마르므로 붓을 잘못 놀렸다가는 덧칠하는 수밖에 없었다.

유화

유화는 15세기에 네덜란드 같은 나라에서 이탈리아로 들어와 점차 템페라를 대신했다. 유화에 쓰는 물감은 풍부한 색감을 내려고 아마유 같은 기름을 안료에 섞어

만들었다. 그래서 물감이 천천히 말랐으므로 붓을 잘못 놀렸더라도 쓱 닦아 내면 그만이었다.

그만한 기법이 성에 차지 않으면 새로운 미술 기법을 익혀야 했다. 오늘날 예술가조차 색채와 드로잉 기법은 늘 고민이다. 그런데 유화건 드로잉이건 중요한 것은 바로 원근법을 지키는 거라고 한다.

그림이 울퉁불퉁? 입체니까!

　드로잉과 그림에 나타난 원근법이야말로 15세기 회화에서 가장 놀랍고 새로운 기법이었다. 레오나르도 다 빈치는 바로 이 흥미롭고 새로운 기법의 그림과 드로잉을 베로키오 공방에서 배웠을 것이다.

　르네상스가 시작되기 전에는 그림을 입체로 그릴 줄 몰랐다. 일테면 유명한 태피스트리 작품인 〈헤이스팅스 전투〉를 보면, 사람을 2차원 평면으로 나타냈기(수놓았기) 때문에 사람이 판지로 오려 낸 것처럼 보인다. 원근법을 모르던 중세에서는 그럴 수밖에 없었다. 원근법이란 물체가 멀리 있을수록 작게 보이는 현상(착시 현상)이다.

　중세 미술가가 누군가를 작게 그렸다면 그것은 다음과 같은 까닭에서 그렇게 그린 것이다.

　a) 세상에서 전혀 중요하지 않은 사람이기 때문에. 아니면…….

b) 정말로 키가 작은 사람이라서 그렇게 그렸지만 뒤쪽에 서 있다고 해서 작게 그리는 경우는 없었다.

초기 르네상스 시대에 예술가와 건축가와 몇몇 천재들이 예술과 수학과 과학을 접목하여 원근법을 찾아냈다. 곧이어 화가가 고른 평면에 공간감과 거리감과 견고함까지 나타냈다. 몇 가지 기법이 그런 느낌을 살려 냈다.

1. 빛과 그림자를 알맞게 드리워 물체를 좀 더 둥그렇게 그린다. 이러한 기법을 모델링이라고 한다.

2. 미술 기법 가운데 하나인 단축법으로 그린다. 실제로는 전혀 아닌데, 어떤 물체가 비스듬히 놓였을 때 눈이 착각을 일으켜 실제보다 짧게 보이는 현상을 단축이라 한다.

3. 원근법으로 그린다. 담벼락이나 도로에 보이는 나란한 두 선이 멀리 가서 한 소실점에서 만난다.

1426년 무렵 피렌체파 화가 마사초가 평평한 교회 벽에 그림을 그렸다. 십자가에 매달린 예수와 하느님과 성령을 그린 〈삼위일체〉 그림이었다. 원근법 때문에 우리 눈에는 성부 성자 성령이 다른 인물을 감싸는 듯한 느낌을 받으며 심지어 우리가 그 장면 속으로 들어가 그곳에 서 있는 듯한 착각에 빠진다.

15세기 사람들은 이 새로운 미술 기법을 보고 눈이 튀어나올 만큼 충격받았을 것이다. 20세기 중반에 처음으로 컬러텔레비전을 보거나 전축을 들었을 때 화들짝 놀랐듯이 말이다.

다 빈치는 원근법이라는 기발한 기법에 무척 흥미가 생겼는지 그 느낌을 글로 적어 두었다. 하지만 여러 글처럼 그 글도 자취를 감추었다. (작업복과 함께 빨랫대야로 들어갔나?)

똑바로 봐!

다 빈치가 말하기를…….

당연히 다 빈치는 정확성을 따지며 실물처럼 나타내려고 애썼다. 그래서 원근법이나 정밀도를 알아보고 색칠과 드로잉을 좀 더 쉽게 하려고 편리한 보조 도구를 만들어 구도와 비례를

맞추었다. 오늘날 이 도구는 격자 분광기로 널리 알려져 있지만, 다 빈치는 격자판이라고 했다.

그것은 면실로 격자무늬를 짠 도구였다. 이 격자판을 똑바로 세워 놓고 그 중심에서 30cm 떨어진 곳에 접안렌즈를 두고 눈을 갖다  댄다. 그리고 나서 격자무늬에 비친 모습을 바라보면 사물 전체가 같은 크기의 격자무늬로 나뉜다.

다 빈치는 다음과 같이 격자판을 쓰라고 했다고 한다.

a) 도화지에 격자판과 똑같이 격자무늬를 그린다. 접안렌즈를 들여다보며 격자판의 모습을 그대로 하나씩 옮겨 도화지에 그린 격자무늬를 다 채울 때까지 그린다(아니면 '만세!' 하고 외칠 때까지).

b) 격자판 없이 마음대로 그린 뒤에 얼마나 정확하게 그렸는지 격자판의 모습과 비교해 본다.

관찰하기: 눈앞에 있는 사물을 한곳만 뚫어져라 바라볼 것. 머릿속에 그 부분을 아로새겼다면 다른 부분을 바라본다. 그렇게 사물 전체 모습을 머릿속에 다 새길 때까지 계속한다.

　피렌체에 있는 수많은 공방에서 손꼽히는 인물은 다 빈치만이 아니었다. 보티첼리처럼 젊고 재주 있는 예술가들이 많았다. 보티첼리는 물론 다 빈치만큼 이름이 난 편은 아니었지만, 결국 이름을 날리고 성공을 거두었다. 만약 그렇지 않았다면 여러분은 보티첼리란 이름을 못 들어 봤을 것이다. (아, 들어 본 적이 있다고? 미안!)

산드로 보티첼리(1445~1510년)

보티첼리는 필리포 리피 공방에서 도제로 지냈는데 다 빈치가 베로키오 공방에 있던 때와 같았다. 본디 이름은 알레산드로 디 마리아노 필리페피였지만, 술통처럼 뚱뚱한 맏형에게 붙은 별명 '작은 술통'이란 뜻의 보티첼리로 더 유명하다. 다 빈치는 보티첼리가 우스갯말을 뻥뻥 터뜨리는 데다 엉뚱한 장난을 일삼았기 때문에 보티첼리를 재미있는 친구로 생각하고 좋아했다. 하지만 다 빈치는 보티첼리가 그린 그림을 대수롭지 않게 여기고 배경이 조금 어색하다며 원근법에 좀 더 주의를 기울여야 한다고 늘 말해 주었다.

그때 열정 넘치는 피렌체 예술가처럼 보티첼리 또한 훗날에는 메디치 가문을 위해 훌륭한 작품을 꽤 많이 그렸다. 그중에서도 사랑의 여신 비너스가 큰 조개껍데기를 딛고 서 있는 〈비너스의 탄생〉 그림이 가장 유명하다.

산드로 보티첼리는 〈찬가의 성모〉와 〈석류의 성모〉 등 수많은 종교 그림을 그렸다.

또한 로마의 시스티나 예배당을 꾸미는 일에 끼었으나 벽화만 그렸고 천장화는 미켈란젤로에게 떠넘겼다(미켈란젤로가 보티첼리보다 팔이 훨씬 길었다). 종교밖에 모르는 사보나롤라(130쪽 참고)가 활개를 치던 1480년대에 보티첼리는 놀랍게도 종교에 눈이 멀어서 종교 그림을 그렸다(시기가 딱 맞아떨어진다).

레오나르도 다 빈치와 여러 도제는 미술 기법이 끊임없이 나아졌다. 다 빈치가 처음으로 그린 작품은 얼마나 훌륭했던지 스승이 눈물을 뿌릴 정도였다.

꽃피는 청년 다 빈치

사라진 다 빈치 공책 1470~1471년

1470년

공방에서 눈알이 핑핑 돌 만큼 바쁘다. 일이 워낙 산더미처럼 쌓여 있는 데다 날마다 새로운 기법도 배워야 한다. 우리는 지금 브루넬레스키의 돔 위에 올릴 큰 청동 구형을 만들고 있다! 구형은 지름이 6m에 무게는 2톤이나 나간다.

베로키오 스승님은 우리에게 수학 계산과 과학 실험을 모두 동원하라고 했다. 청동 구형을 채광창이 난 뾰족탑에 딱 붙일 만한 좋은 방법이 뭐가 있을까?

우리는 구형을 받칠 방법은 무엇인지, 구형을 단단히 잡아 주는 쇠사슬은 어디에 매달아야 할지, 세찬 바람에도 구형이 잘 버틸 수 있을지 머리를 쥐어짰다. 그 일을 하는 동안 정말 짜릿했다! 아무리 생각해 봐도 과학과 예술은 동떨어진 사이가 아니라 서로 기대고 받쳐 주는 관계로 보인다.

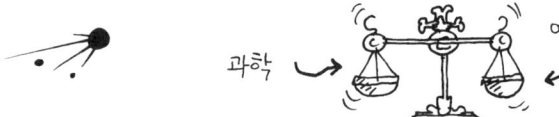

1471년 2월

베로키오 스승님은 나더러 솜씨가 늘었다며 나를 부책임자로 앉혀 주셨다. 이제는 내 세상이다! 일이 없을 때는 나가서 마음껏 즐기며 음악을 듣거나 연주를 하고 분홍색 옷(멋으로 따지자면 분홍색 옷이 최고다!)으로 멋을 부린 채 이리저리 돌아다닐 거다. 공방에 있을 때면 가장행렬과 연극에 쓸 특수 효과 장치를 연구한다. 확실히 브루넬레스키는 상상력을 끝없이 자극해 주는 천재다. 난 줄을 타고 오르내리는 비둘기를 만들었다. (난 기껏해야 도제다. 나중에 틈이 나면, 모두가 눈이 휘둥그레질 물건을 만들어 내야지.) 그리고 우리는 전보다 더 바빠졌다. 밀라노 공작이 다음 달에 찾아오면 로렌초 데 메디치가 피렌체의 환상적인 모습으로 공작을 깜짝 놀래 줄 것이다.

1471년 3월 15일
밀라노 공작이 어제 왔다. 그래서 우린 공작을 위해 멋진 가두행렬을 선보였다!

공작은 보나마나 깊은 감명을 받았으리라!

1471년 5월 27일
오늘은 우리가 만든 커다란 청동 구형을 돔 꼭대기에 올리는 날이다. 브루넬레스키가 몇 년 전에 만들어 놓은 궤도 기중기로 끌어 올렸다. 나는 그 기중기가 볼수록 감탄스러워 드로잉으로 그려 보았다.

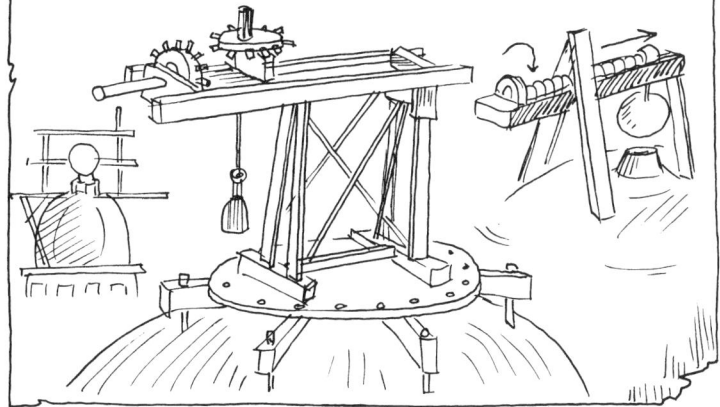

피렌체 사람들이 너 나 할 것 없이 모여들어 청동 구형이 올라가는 장면을 지켜보았다. 청동 구형을 얹는 순간 나팔 소리가 크게 울려 퍼졌고 다들 환호성을 질렀다. 정말 잊지 못할 순간이다!

천사를 보여 다오, 레오나르도

1472년에 베로키오는 사제들이 수도원 벽에 걸겠다고 주문한 〈그리스도의 세례〉라는 대작을 그리고 있었다. 세례 요한이 요르단 강에 서 있는 예수의 머리에 물을 뿌리고 예수의 발치에 두 천사가 무릎을 꿇고 있는 그림이다. 베로키오는 레오나르도 다 빈치가 대작을 그릴 솜씨가 있다고 믿었기에 한 천사를 그리도록 했다. 다 빈치가 그린 천사를 보고 베로키오는 충격에 휩싸였다.

베로키오는 다 빈치가 그린 천사가 자기가 그린 것보다 훨씬 더 뛰어났기 때문에 기가 꺾여 다시는 붓을 들지 않겠다고 맹세했다.

'이탈리아 예술 용어'를 좔좔

레오나르도 다 빈치가 스승의 그림(그리고 자기가 그린 여러 다른 그림)을 한결 빛내 주었던 까닭은 무엇일까? 미술 전문가들은 스푸마토 기법을 꼽는다. 이 이름은 르네상스 시대 다 빈치 작품이나 그 밖의 훌륭한 미술품을 설명해 주는 데 빠지지 않고 나온다. 똑똑하고 아는 게 많은 독자(또는 허풍이 심한 얼뜨기)라면, 누구와 이야기하다 이런 용어를 한두 마디 섞고 싶겠지? 선생님에게 깊은 인상을 심어 주거나, 친구에게 마구 침 튀기며 얘기하고 싶거나, 애완동물을 놀래 주고 싶다면 다음에 나오는 이탈리아 예술 용어 다섯 가지를 꼼꼼히 읽어 보고 써먹길 바란다.

스푸마토

스푸마토는 이탈리아 어로 연기처럼 뿌옇고 흐릿하다는 뜻이다. 옛날 화가는 형체를 굵고 뚜렷하게 나타냈으나 다 빈치는 색깔을 조금씩 섞어 썼다. 따라서 테두리가 뚜렷하지 않고 흐릿해서 형체가 망사나 안개에 휩싸인 것처럼 보였다. 이로써 다 빈치는 그림에 신비한 기운을 살짝 얹어 주었다. 그림의 배경인 풍경에도 스푸마토 기법을 써서 그리자 르네상스 예술가들이 매력을 느끼던 원근감이 확 살아났다. 실제로 풍경을 보면 멀리 있는 사물일수록 뚜렷하지 않은데, 덥고 열기가 아른아른한 여름날에는 특히 더하다(아니면 집에 안경을 두고 나왔을 때도).

키아로스쿠로

키아로스쿠로(명암법)는 밝음과 어두움의 차이에 따라 입체감을 주면서 그리는 기법이다. 키아로스쿠로는 원근감을 나타내는 데 꼭 필요했다. 다 빈치는 이렇게 말했다. "키아로스쿠로는 그림의 영혼이다."

영화 제작자나 방송 기술자는 키아로스쿠로를 두드러지게 쓰면 분위기가 확 살아난다는 것을 알고 독특한 매력을 드러내고 강한 인상을 남기고 싶은 장면에서는 흔히 조명을 밝혔다.

카툰

르네상스 예술가들이 그린 카툰은, 천사가 커다랗고 빨갛게 '휙휙!'이라고 쓴 글씨를 등 뒤로 늘어뜨리며 구름 사이를 싹 빠져나가는 만화가 아니다. 다윗이 골리앗을 박살 낼 때 커다랗게 '곽곽'이라고 쓴 글씨와 '받아라, 악당!'이라고 쓴 말풍선이 보이는 만화도 아니다.

다 빈치 시대에는 카툰이 아주 만만찮은 그림, 즉 화가들이 큰 작품을 그릴 때 준비 단계로 간단히 그린 밑그림이었다. 다 빈치가 그린 가장 유명한 카툰은 〈성모자와 성 안나와 아기 성 요한〉인데 종이에 초크로 그린 것이다. 지금은 런던 국립 미술관에 가면 볼 수 있다.

프레스코

프레스코는 이탈리아 어로 '신선한'이란 뜻이다.

이 벽화 기법은 회반죽벽이 마르기 전에 물로 녹인 안료로 그려야 했다.

콘트라포스토

콘트라포스토는 한쪽 발에 무게를 싣고 다른 쪽 무릎은 편하게 구부린 모습이거나 고개를 갸우뚱 기울인 모습으로 사람을 생동감 넘치게 나타내는 구도다. 그래서 뻣뻣하게 똑바로 서 있는 자세는 그림에서 차츰 사라졌다.

레오나르도 다 빈치가 거룩한 천사를 그린 뒤에, 베로키오는 이 똑똑한 23세 제자가 혼자 그림을 그려도 될 만큼 익숙하다고 생각하고는 다 빈치를 화가들의 동업 조합인 피렌체 제일의 성 루카 조합에 들여보냈다. 기나긴 세월 동안 공부하고 그리던 다 빈치는 드디어 우뚝 일어서서 세상에 제 이름을 알리게 되었다.

르네상스 피렌체의 동업 조합

피렌체 사람들은 세계 예술품과 공예품을 피렌체에서 만든다는 것을 무척 자랑스러워했고 피렌체 제품이 최고가 되기를 바랐다. 따라서 물건을 만들어 팔려면 다 빈치처럼 오랜 훈련을 거쳐 반드시 조합에 들어가야 했다. 조합에 속해 있으면 최고의 작품을 만들 만한 솜씨라는 것을 누구나 알 수 있기에 다음과 같은 일은 벌어질 턱이 없었다.

그때는 조합이 약 21개가 있었으며 전문일꾼은 누구나 조합에 들어가야 했다. 옷감 상인과 모직 상인, 견직공, 은행가, 향신료 상인, 모피 상인을 비롯하여 예술가와 공예가도 당연히 소합에 속했다! 다 빈치가 몸담은 성 루카 조합은 같은 화가들이 못된 짓을 못하도록 철저히 감시했다. 일테면 값비싼 청금석 안료 대신 싸구려 남동석 안료를 썼다가는 된서리를 맞았다.

문짝이라고 우습게 여기지 마라

조합에 속한 예술가와 공예가는 무슨 일에든 빈틈이 없었다. 만에 하나 실수가 있으면 땅을 치고 통곡했다. 평생이 걸리더라도 가장 아름다운 작품을 완성하고자 했다!

1401년에 예술가 로렌초 기베르티(1378~1455년)는 피렌체 북부에 있는 세례당 문을 장식하기 시작했다. 23년에 걸친 조각을 마치고 보니 기베르티는 나이가 48세였다.

거룩한 문을 다 새긴 기베르티는 새롭고 독특한 조각을 했다고 인정받아서 세례당 동쪽 문도 장식하게 되었다. 27년이 지나 1449년에 조각을 다 끝내고 보니 기베르티는 나이가 73세였다!

조각가이자 시인인 미켈란젤로는 그 아름다운 문을 두고 다음과 같이 말했으니……

다 빈치와 보티첼리와 기베르티 같은 천재 예술가들이 꽤 평화롭게 묵묵히 예술 작품에 매달린 반면에 15세기 피렌체는 전혀 즐겁거나 밝지 못했다. 피렌체(이탈리아 다른 곳도)는 겉으로는 활짝 웃고 있었으나 속으로는 온갖 못된 일을 꾸미고 있었다. 이처럼 비밀스런 일이 피비린내 나는 대학살과 진저리 나는 일을 일으켰으니 하나씩 밝혀 보자면…….

조각조각 이탈리아

다 빈치 시절 이탈리아는 오늘날 장화처럼 생긴 눈부신 통일 국가가 아니었다. 그러니까 땅 모양과 날씨는 지금과 같았지만, 통일 국가가 아니라 이리저리 갈라진 나라였다.

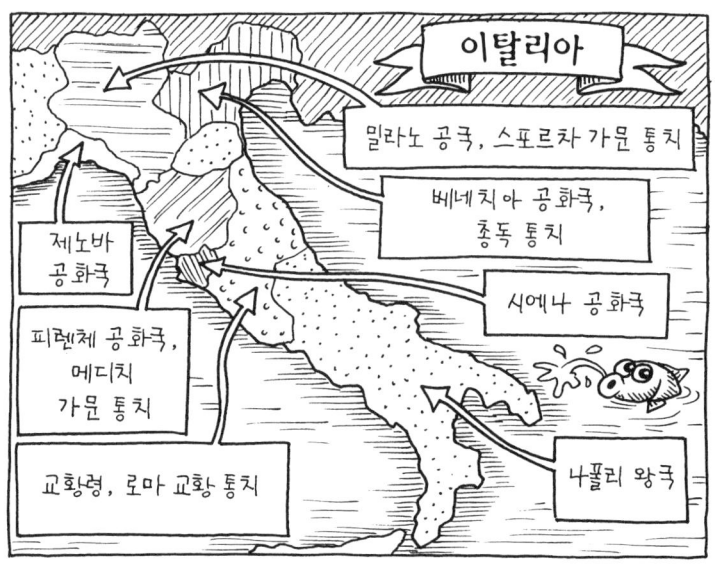

이탈리아는 작은 국가나 도시 국가로 나뉘어 저마다 힘센 가문의 다스림을 받았다. 15세기 말, 도시 국가는 약 14개국에 이르렀고 몇몇 권력층이나 가문은 이웃 나라를 몰아내거나 맞수를 해치우려고 끊임없이 못된 술수를 꾀했다. (다들 마피아가 요즘 생겨난 줄 알았지?)

르네상스 시대에 이탈리아 도시 국가들은 걸핏하면 전쟁을 일삼았다. 티격태격 싸우는 대신 서로 얼싸안으며 좋아할 때는 다른 꿍꿍이가 있었다. 아니면, 프랑스나 터키나 스페인과 동맹을 맺어 그 나라를 앞세워 원수 같은 다른 도시 국가를 해치울 셈이었다. 속고 속이는 이탈리아 도시 국가들을 이해하는 것보다 배배꼬인 텔레비전 연속극 줄거리를 따라가는 편이 식은 죽 먹기다(식은 피자 먹기인가).

가장 막강한 도시 국가인 피렌체와 밀라노와 베네치아는 다 빈치의 중요한 터전이었다. 다 빈치의 삶은 도시 국가 지도자들의 운명과 지시에 매어 있었다. 지도자들의 말 한마디와 손짓 한 번에 다 빈치의 자리가 뒤집혔기 때문이다. 지도자들은 다 빈치에게 중요한 일을 맡기거나 다른 사람에게 다 빈치를 소개해 주는가 하면, 형편없는 작자라는 소문을 퍼뜨리기도 했다.

다 빈치는 권력가의 요구에 따라 일을 처리하는 르네상스 만물박사나 다름없었다. 그 사람들을 위해 그림을 그리고 건물을 설계하거나 아울러 창조성을 발휘하여 적을 무찌를 군사 작전도 세웠다.

결국 다 빈치는 그 사람들과 떼려야 뗄 수 없는 처지였으므로 도시 국가 지배층 사이에서 벌어지는 술수와 못된 짓을 자주 보았다.

다 빈치는 피렌체에 살 때 가장 떵떵거리는 메디치 가문에 굽실거려야 했다.

하늘이 낸 큰 부자 메디치 가문

메디치 가문은 피렌체에서 가장 힘 있고 돈 많은 집안이었다. 메디치라는 성씨(이탈리아 어로 의사란 뜻)에서 짐작하다시피 집안사람들은 의사로 일했는데 세월이 흘러 점차 돈이 쌓이자 의사를 때려치우고 상인이나 국제 은행가로 나섰다.

로렌초 데 메디치(1449~1492년)

로렌초 데 메디치는 아버지가 세상을 떠나자, 고작 20세의 나이로 남동생과 함께 피렌체를 다스렸다. 로렌초 데 메디치는 수완이 뛰어났으며 통솔력이 남달랐다. 축구를 잘했고 시와 노래를 지었으며 사냥을 즐겼다. 짓궂은 장난을 일삼았으며 옷을 늘 맵시 있게 입고 다녔다. 또한 엄청난 돈을 잔치와 예술에 들이다 쏟아부었다.

줄리아노 데 메디치(1452~1478년)

줄리아노 또한 형 로렌초처럼 남을 이끌 줄 알았고 돈을 물 쓰듯 썼지만 가장 높은 자리에 오르지는 못했다. 무척이나 슬프고 안타까운 최후를 맞았다.

피렌체 일보

1478년 4월 26일

메디치가 미사 뒤 살해당하다!

피렌체여! 오늘, 우리의 아름다운 대성당에서 미사가 끝났음을 알리는 종이 울리던 순간, 말할 수 없이 잔인한 대부호 파치 가문*과 못된 무리들이 떼를 지어 우리 로렌초 데 메디치를 독이 묻은 단검으로 죽이려 들었다. 로렌초는 목을 찔렸으나 하인이 독을 빨아냈다. 하지만 안타깝게도 동생 줄리아노는 파치 무리인 베르나르도 바론첼리의 손에 목숨을 잃었다. 외마디 소리와 말발굽 소리가 울려 퍼지는 가운데 경비대가 무리들을 거의 잡아갔다. 마침내 사악한 파치 사람의 목에 밧줄을 매고 창밖 높이 매달았다. 뒤이어 매달린 이는 다름 아닌 피사 대주교였다! 대주교도 암살 음모에 끼었던 것이다! 그런데 아주 이상한 일이 벌어진 것은 둘 다 마지막 숨을 몰아쉬고 있을 때 대주교가 느닷없이 몸을 빙글 돌리더니 파치의 가슴을 물어뜯은 것이다!

* 파치 가문 또한 그 무렵 유럽에서 은행가를 쥐락펴락했다. 오늘날에 빗대자면 영국에서 내로라하는 바클레이 은행가가 냇웨스트 은행가를 산 피에트로 대성당에서 죽이려고 한 셈이었다.

사라진 다 빈치 공책 1478년

1478년 4월 27일
어제 대성당에서 일어난 살인 사건은 자못 충격이 컸다! 나도 우연히 사건 현장 가까이 있었다. 따라서 거기 모인 사람들의 두렵고 벌건 얼굴과 몸짓을 부랴부랴 그렸다. 도저히 놓칠 수 없는 기회였다!

1478년 4월 30일
오늘은 웬만큼 마음이 가라앉았다. 대성당에서 벌어진 난리는 알고 보니 교황 때문이었다. 교황은 돈 때문에 메디치 가문과 사이가 틀어지자 파치 가문과 손잡고 로렌초와 줄리아노를 죽이려고 못된 일을 꾸민 것이다.

1478년 6월 2일
대성당을 피로 물들인 무리들은 거의 붙잡혀 오늘 처형당했다. 모두 100명쯤 되었다. 로렌초는 자기에 맞서면 어떤 꼴을 당하는지 보여 주려고 송장을 시내 곳곳으로 끌고 다니도록 했다. 난 사

실 실망스러운 마음을 감출 수 없다. 메디치 가문이 처형 장면을 감옥 벽에 큰 벽화로 그린다는 말을 듣고 그 일을 맡게 되기를 은근히 바랐던 것이다. 하지만 보티첼리가 뽑혔다! 더구나 보티첼리는 금화 40플로린을 받았다. 전에는 줄리아노 초상화도 그렸다(죽기 전에).
아무튼 한바탕 피바람이 휩쓸고 지나갔다.

피렌체 일보

1479년 12월 18일

메디치가 살인범 죗값 치르다!

대성당에서 벌어진 끔찍한 일은 지난 4월에 있었지만 오늘에 이르러서야 베르나르도 바론첼리를 교수형에 처했다. 바론첼리는 우리의 사랑하는 줄리아노 데 메디치를 죽인 악당이다. 바론첼리는 줄리아노를 죽이고 사람들이 우왕좌왕 정신없이 몰려다니는 틈을 타서 대성당 한곳으로 숨어들었다고 한다. 그런 뒤에 말을 채찍질하여 국경으로 달아났다가 배에 몸을 싣고 터키로 갔다. 그러나 우리의 존경하옵는 로렌초 데 메디치 각하가 바론첼리를 산 채로 잡거나 죽이면 몸값을 주겠다고 알리자, 터키 사람들이 바론첼리를 붙잡아서 데리고 왔다. 그리하여 오늘 바론첼리는 끝장났다!

사라진 다 빈치 공책 1479~1480년

1479년 12월 18일

오늘 베르나르도 바론첼리의 교수형을 지켜봤다. 무척 흥미로웠다! 목이 매달린 바론첼리는 자그마한 갈색 모자에, 가장자리에는 검붉은 벨벳 띠를 두른 푸른색 여우 털외투에, 아주 멋진 검은색 모직 조끼에, 검은색 타이츠를 갖춰 입었다. 죽여주는 옷차림이다! (난 이렇게 시시콜콜한 것까지 적어 두어야 직성이 풀린다.) 전에도 몇 번 말했다시피 눈을 크게 뜨면 반드시 뛰어

쓰기 삶 속에서 많은 것을 볼 수 있다(심지어 죽음에서도). 바론첼리가 밧줄에 매달려 몸을 비틀고 흔들다 보니 스케치하기가 힘들었다. 심하게 몸부림친 탓에 고개를 기울인 모습이 살짝 어긋나서 다시 제대로 그려야 했다.
그리고 지금 로렌초 데 메디치는 교황의 조카를 가두어 놓았다. 머지않아 골치 아픈 일이 터질 것 같다!

1480년 1월 6일
오! 미네스트로네를 갖다 준 사내의 말에 따르면 피렌체와 교황 사이에 전쟁이 시작됐다고 한다! 사내는 로렌초 데 메디치가 재빨리 손을 썼다고 덧붙였다! 나폴리 왕을 같은 편으로 끌어들였던 것이다. 피렌체 사람들은 그런 슬기에 감탄하면서 위대한 로렌초라고 부른다! 휴! 이탈리아는 거짓과 배신을 밥 먹듯 하는 사기꾼을 비롯하여 권력에 눈먼 정신병자가 판을 치는 곳 같다. 나는 도대체 누가 누구와 친한지, 누가 누구를 죽이려 일을 꾸미는지 감을 하나도 못 잡겠다. 과연 흥미진진한 시대로다!

1480년 1월 7일
아주 이상하게 생긴 노인네를 종일 쫓아다녔다. 내 눈을 믿지 못할 만큼 희한한 생김새였다. 주걱턱에 주먹코에 퉁방울눈이었다. 나는 얼굴에서 눈을 못 뗀 채 몇 시간이고 따라다니며 그 얼굴을 머릿속에 새겼다가 집에 오자마자 그려 보았다. 바로 이런 모습이다!
그야말로 추하기 짝이 없는 얼굴이라 눈길이 절로 간다.

다 빈치의 가르침

얼굴 그리기: 사람의 생김새를 찬찬히 살펴본다.

머리와 입과 눈과 목과 턱 따위 이런저런 생김새를 머릿속에 새긴다. 내가 그랬듯이 주먹코를 연구하던지!

다 빈치가 조사한 신기하게 생긴 주먹코와 이상하게 생긴 코. 여러분의 코는 어떻지?

어두운 현관에 앉아 있는 사람의 얼굴은 그림으로 그리기에 제격이다. 밖에서 들어오는 환한 빛과 안쪽에 깔린 짙은 어두움이 차이가 커서 생김새가 뚜렷해진다. 즉 윤곽이 두드러지면서 굉장히 아름답게 보이기도 한다!

레오나르도 다 빈치는 코와 입과 턱을 보고 관찰한 것을 공책에 적었다. 아주 큰 기억 장치라 할 수 있는 천재적인 두뇌뿐만 아니라 공책에도 굉장한 생각과 뛰어난 드로잉, 눈길을 붙잡은 멋진 광경과 눈이 휘둥그레질 만한 발명품이 빼곡하게 담겨 있었다. 다 빈치는 이렇게 말하기도 했다.

다 빈치는 무엇이든 하나하나 눈여겨본 뒤에 지칠 줄 모르는 두뇌에 갖가지 모든 것을 마구 쑤셔 넣었다.

아주 대단하지? 그런데 더 놀라운 것은

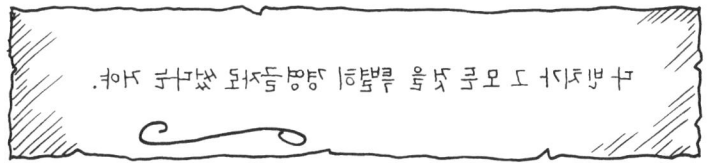

도대체 뭔 말이냐고? 다음 장을 읽어 봐.

공책과 펜만 있으면 저절로 끼적끼적……

레오나르도 다 빈치는 30세 즈음부터 뛰어난 두뇌에서 평생 쏟아져 나오는 생각을 공책에 끊임없이 옮겨 적었다고 한다. 사람과 동물과 식물 스케치, 기계와 무기 그림, 악기 설계도, 책 목록, 기타 등등……. 심지어 시장에서 살 물건까지도.

이를테면 어떤 공책에는 수로와 기하학을 복잡하게 쓴 것에 뒤이어 다음과 같은 글이 나온다.

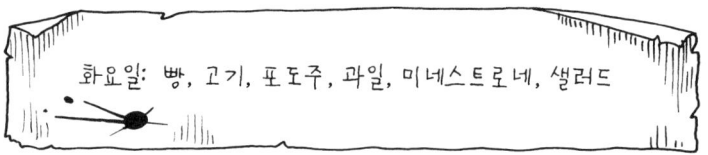

화요일: 빵, 고기, 포도주, 과일, 미네스트로네, 샐러드

마구 적다 보니 세상 온갖 일을 다룬 글과 그림이 놀랍게도 13,000쪽에 이르렀다. 아마도 다 빈치는 늘 종이가 모자랐을 것이다! 그때 컴퓨터가 있었다면 오른팔을 주고서라도 컴퓨터를 들였을 텐데!

다 빈치는 잠자리에 들면 어둠 속에 누워서 그날 본 흥미로운 것을 다른 모습으로 바꿔 상상해 보는 것을 좋아했다.

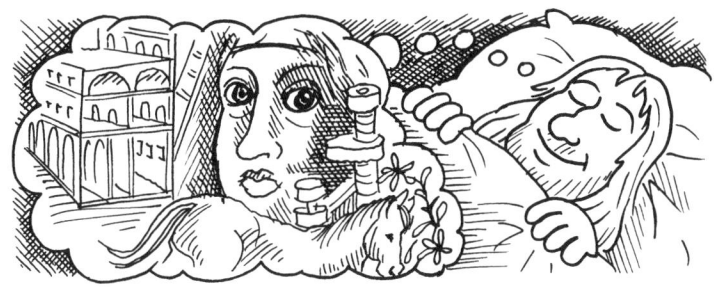

그것이 사물을 기억하는 데 좋은 방법이 된다며 꼭 해 보라는 글을 공책에 남겼다(게다가 양 한 마리, 양 두 마리 세는 것보다야 훨씬 낫다).

글씨가 뒤죽박죽
놀랍게도 다 빈치는 거의 모든 글자를 거울에 비친 듯 좌우를 바꾸어 썼다. 중요한 사실 한 가지. 다음 글을 읽으려면 거울이나 획획 잘 돌아가는 두뇌가 있어야 한다.

다 빈치는 왼손으로 모든 글씨를 쓸 수 있었을뿐더러 글씨를 왼쪽에서 오른쪽으로 쓰기를 좋아하지 않아서 대부분의 일을 반대로 했다고 한다. 그래도 모든 것을 손쉽게 기억에 딱 맞춰 쓸 수 있었다는 말이다. 그리고 양손잡이여서 양손 모두 잘 쓰기도 했다. 그런데 왼손으로 글자를 오른쪽에서 왼쪽으로 써 보니 더욱더 편리해져 언제나 오른쪽에서 왼쪽으로 글을 쓰게 되었다고 한다.

다 빈치의 머릿속이 궁금해? 코덱스를 살펴봐!

레오나르도 다 빈치가 죽고 몇 년이 지나자 놀라운 생각이 담긴 소중한 공책과 다양한 스케치와 글이 담긴 자료집이 천천히 사라져 갔다. 어떤 것은 팔렸으며 어떤 것은 굴러다니다가 자취를 감추었고 다른 것은 기념품 수집가들이 슬쩍 가져가기도 했다. 몇백 년이 지나자 6,000쪽짜리 공책은 온데간데없었지만 다행히도 7,000쪽짜리 작품집은 몇 권으로 나누어 보관해 두었다.

그 낱권을 가리키는 코덱스는 코엑스 무역 전시관과 전혀 상관이 없으며, 낱장을 묶어 책으로 만드는 것을 뜻한다. 레오나르도 코덱스는 오늘날 전 세계 박물관이나 도서관에서 볼 수 있는데 그것을 마지막으로 가지고 있었던 사람이나 단체 이름을 따서 부르는 일이 많다. 일테면 〈아룬델 코덱스〉는 다 빈치 유품을 열심히 모으던 영국 아룬델 경의 이름을 딴 것이다. 한편 〈아틀란티쿠스 코덱스〉는 주로 지도책에 쓰는 커다란 종이 이름에서 비롯되었다. 다 빈치가 그런 종이에 특별히 스케치와 글을 남겼기 때문이다.

1994년에는 세계 갑부이자 컴퓨터 천재 빌 게이츠가 3천만 달러에 다 빈치 〈레스터 코덱스〉를 샀다. 그리고 얼마 뒤에 컴퓨터 일을 하는 사람들에게 코덱스 내용을 디지털 신호로 옮겨 시디롬에 담아 사람들이 쉽게 읽고 감

동할 수 있도록 했다. 빌 게이츠는 어렸을 때부터 다 빈치가 영웅이었다며 잠수함이나 헬리콥터 같은 최첨단 장비를 그린 〈레스터 코덱스〉야말로 시대를 수백 년이나 앞선 공책이라고 밝혔다(물론 560기가바이트 컴퓨터 이야기는 없지만).

시대를 훌쩍 뛰어넘는 다 빈치의 재주를 빌 게이츠만 눈여겨본 것은 아니었다. 누군가는 다 빈치를 두고 '다들 깊이 잠든 이른 시간에 깨어난 자'라고 했다. 다시 말해서 다 빈치가 죽고 300년이 지나면 다 빈치가 생각해 낸 기계가 미래 기술 시대에 빛을 볼 거란 뜻이다. 다 빈치는 어마어마하게 많은 공책에 온갖 장치를 설명하고 그림으로 그려 놓았다. 훗날 과학자와 천재들이 다 빈치의 숙제를 풀자 설계도가 실물이 되어 우리 눈앞에 나타났다.

편리한 장치

다 빈치 혼자 그 모든 것을 다 생각한 것은 아니었다. 다른 발명가의 어렴풋한 생각을 가져다 더욱 쓸모 있게 만든 적도 있었다. 그렇지만 뒤로 나자빠질 만큼 놀랍고 새로운 생각은 거의 다 빈치의 머릿속에서 퐁퐁 솟아난 것이다. 그 발명품은 주로 전쟁 무기였는데 135쪽을 보면 좀 더 자세히 알 수 있지만(피비린내 나는 엽기적인 이야기가 좋다면), 생활에 편리하고 즐거움을 주는 발명품도 설계했다.

피와 땀과 기계

레오나르도 다 빈치는 도르래와 기중기, 지렛대, 톱니바퀴, 동력 장치 따위 정교한 기계 장치에 관심이 많아서 그 장치를 하나로 모아 새롭게 만들어 사람들의 일손을 덜어 주고자 했다.

그때 일꾼들은 말없이 온몸을 바쳐 일하느라 등골이 휘고 손에는 물집이 잡혀 있었다. 다 빈치는 그런 괴로움을 줄여 줄 셈으로 땅을 뚫음과 동시에 흙을 파내는 복합 기계를 생각해 냈다. 삽 한 자루로 땅을 팔 때는 몇 시간이 걸리지만 이 기계를 빙빙 돌리며 땅을 파면 순식간에 땅속 깊이 팔 수 있다. 두 사람이 위쪽 기다란 막대

를 돌리면 큰 송곳이 힘센 기계 두더지처럼 땅을 뚫어 버린다. 어느 깊이에 이르렀을 때는 아래쪽 막대를 반대로 돌리면 흙이 땅 위로 튀어나온다.

시대를 앞선 다 빈치 자동차

레오나르도 다 빈치가 생각해 낸 신기한 바퀴는 진정 시대를 앞선 것이다. 다 빈치는 1478년에 저절로 굴러가는 자동차를 도면으로 그렸다. 그러나 르네상스 시대에 타고 다녔던 말 말고 다른 탈것을 만들어 보려던 생각은 열매를 거두지 못했다. 그로부터 400년이 지나서야 자동차가 세상에 나와 대기를 오염시키고 길을 막히게 했다.

다 빈치가 그린 자동차는 사실 오염 물질을 내뿜는 차가 아니다. 태엽 달린 장난감 기차가 용수철의 움직임으로 달리듯이 그 자동차는 용수철 힘으로 굴러간다. 즉 자동차에 들어간 용수철 힘이 동력 장치를 통해 바퀴로 전달된다.

다 빈치는 수력 자명종과 자동 구이가마, 자동문, 종이를 인쇄기에 넣어 주는 기계, 나사 제조기, 공기 냉각기, 큰 확대경을 생각해 냈다. 다음은 다 빈치가 남보다 앞서 생각해 낸 몇몇 발명품 도안이다.

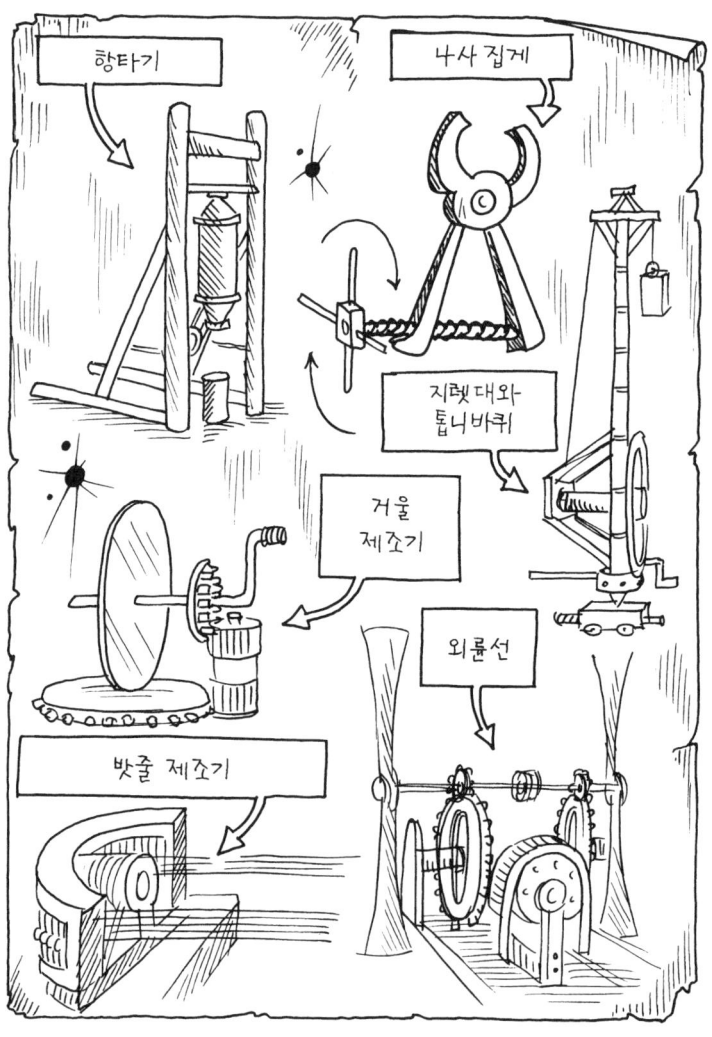

다 빈치가 짬을 내어 발명품을 뚝딱뚝딱 만들어 보았는지 그렇지 않은지 그건 확실하지 않다. 끊임없이 샘솟는 생각을 자꾸 스케치하다 보니 예전에 생각해 둔 것은 만들 틈이 없었을 것이다. 게다가 뭔가 만들어 보았더라도 세월이 한참 지났으므로 상했거나 녹이 슬었거나 굶주린 쥐와 끈질긴 곤충이 홀라당 먹어 치웠을 게 뻔하다.

하지만 지난 백 년 동안 탐구심과 실험 정신이 강한 사람들이 구슬땀 흘려 가며 다 빈치가 생각한 것을 하나씩 만들어 낸 결과 그 모형을 세계 곳곳 박물관에 가면 볼 수 있다.

르네상스 인은 만물박사!

레오나르도 다 빈치는 내로라하는 르네상스 인으로 꼽힌다. 르네상스 인이란 그 시대 인물을 가리키는 말이 아니다. 열정에 넘치는 르네상스 학구파는 끊임없이 솟아나는 지식의 소용돌이 속에서 한 분야만 파고들기는 어려웠다. 학구파는 온갖 것에 관심을 보였고 여러 분야를 두루두루 꿰고 있었다. 다들 알다시피 다 빈치는 여러 면에서 다재다능했으므로 오만 가지 지식을 배우려고 애썼을 것이다.

학문 탐구와 지식 탐구는 한두 분야만 깊숙이 파고드는 오늘날 공부와는 하늘과 땅 차이다. 그러므로 르네상스 인이란 여러 분야를 두루 다 알고 있는 사람을 일컫는다. 즉 르네상스 인은 예술 분야에서도 척척박사고 과학 지식도 주절주절 떠들어 댈 수 있는 사람이다(즉 튜바를 불고, 걸작을 그려 내고, 스포츠카 엔진을 손보고, 소설을 쓰고, 여섯 미식가에게 저녁을 차려 줄 수 있다는 뜻이다).

사람들은 거의 모두 다 빈치가 다른 뛰어난 화가나 여느 사람보다 훨씬 뛰어난 르네상스 인이었다고 입을 모은다. 다 빈치가 그럴싸한 일거리를 찾아 거칠기 짝이 없는 밀라노로 갔을 때 놀랍고 다양한 재주와 천재성은 더욱 빛이 났다.

자, 일자리를 주시오!

1482년에 30세가 된 레오나르도 다 빈치는 피렌체를 떠나 밀라노로 갔다. 그 까닭은 딱히 알려지지 않았다. 한쪽 말에 따르면, 그 무렵 메디치 가문이 밀라노를 다스리던 스포르차 가문과 손을 잡고 주변 적대국을 물리치고자 위대한 로렌초 데 메디치가 스포르차 가문의 마음을 얻으려고 피렌체의 인재 다 빈치를 루도비코 스포르차 공작에게 보냈을 거라고 한다. 그보다 훨씬 그럴싸한 말에 따르면, 다 빈치가 밀라노로 간 것은 더 나은 일자리 때문이라고 한다.

사라진 다 빈치 공책 1482년

밀라노에 막 짐을 풀었다. 밀라노는 입이 다물어지지 않을 만큼 큰 도시다. 피렌체보다 세 배는 크다. 게다가 물샐틈없는 경비에 놀랐다. 무장한 군인이 곳곳에 보인다! 도시를 드나드는 문을 큰 탑에서 지켜본다. 성 둘레에 판 큰 해자도 있고 들어 올려 여닫는 도개교도 있고 창살문도 있다!

방금 무기 장사꾼이 모인 거리에 다녀왔다. 백여 군데 가게에서 무기와 갑옷을 만들고 있다! 여기는 확실히 전투 분위기를 풍긴다. 나에게는 더할 나위 없이 좋은 때인 것 같다!

밀라노가 피렌체보다 더 크고 복잡한 도시지만 위대한 화가나 공예가나 조각가는 그리 눈에 띄지 않았다. 밀라노야말로 놓칠 수 없는 기회의 땅이었다. 그래서 다 빈치는 자신을 낮추는 사람이 아니었으므로 스포르차 공작에게 자신이 여러모로 솜씨가 뛰어나다고 직접 편지를 써서 보냈다. 그 내용은 다음과 같았다.

밀라노 공작 각하

인사드리옵니다! 공작님께서는 온 이탈리아를 손에 넣고자 한다고 들었습니다. 공작 각하, 그렇다면 살상 무기나 파괴 장치가 꽤 많이 있어야 할 겁니다! 저야말로 그런 일에 맞는 사람입니다! 제 이름은 레오나르도 다 빈치로서 적을 물리칠 만한 장비를 척척 만들어 낼 수 있습니다! 예를 들자면…….

기발한 성화

천재 다 빈치를 몰라주다니! 놀랍게도(어쩌면 당연한 일인지도) 답장은 바로 오지 않았다. 하지만 다 빈치는 곧 답장이 오리라 기대하며 밀라노에 묵었다.

마침내 다 빈치는 루도비코 스포르차 공작이 아니라 프란체스코 수사들에게 첫 번째 큰 그림을 주문 받았다. 바로 〈암굴의 성모〉로 알려진 작품이다. 그때에 쓴 계약서를 보면 수사 쪽에서 바라는 내용이 시시콜콜 적혀 있다. 왕관을 쓴 마리아가 예수를 데리고 황금 제단에 앉아 있을 것, 두 예언자가 나올 것, 푸른색과 금색으로 차려 입은 하느님이 그들을 바라볼 것(당연히 몹시 흐뭇한 표정으로), 두 천사(천사가 날아다니지 않는다면 성화라고 할 수 있을까?)가 나올 것, 그리고 모든 이에게 후광이 비칠 것! 다시 말해서 틀에 박힌 종교화였다.

하지만 작품을 보고서 수사들은 어안이 벙벙했다! 하느님과 두 예언자, 천사 하나, 왕관, 후광이 쏙 빠졌을 뿐 아니라 아기 예수는 아무것도 걸치지 않은 채 풀밭에 앉아 있었다(아기 예수에게 위아래가 붙은 갓난아기 옷을 안 입히고 공갈젖꼭지를 안 물린 게 이상할 정도다).

수사들은 생각이 짧았다. 거추장스런 규율을 내던진 순간 유명한 르네상스 작품이 탄생한 것이다.

수사들은 전혀 달갑지 않았으나 그 그림은 밀라노에서 선풍을 일으켰다. 다 빈치의 이름이 널리 퍼지자 스포르차 공작이 다 빈치에게 눈길을 돌리고 밀어주기 시작했다(즉 공작이 다 빈치에게 작품을 부탁하며 꼬박꼬박 돈을 냈다).

루도비코 스포르차(1451~1508년)

다 빈치가 새롭게 섬기게 된 루도비코 스포르차는 밀라노 공국의 통치자로 에스파냐에 사는 이슬람교도 무어 인처럼 살색이 까맣다고 별명이 '무어인'이었다. 제대로 따지자면 통치자는 루도비코 스포르차가 아니라 조카 조반니 스포르차 공작이었다. 하지만 조반니가 워낙 어린 탓에 루도비코 스포르차가 나랏일을 대신 맡아 보았다. 그러다가 1494년에 조반니는 운이 나

빴는지 (어쩌면 삼촌 때문에) 특별한 까닭도 없이 세상을 떠났고 루도비코 스포르차가 그 자리를 물려받았다.

스포르차는 별점을 철석같이 믿었기에 여러 점성술사를 끊임없이 불러다가 미래를 점치도록 했다. 또한 죽임을 당할까 두려웠는지 수많은 군인과 첩자와 암살자를 부려 자신을 지키는 것은 물론 무기 제조가와 군사 공학자도 여럿 불러들였다.

루도비코 스포르차와 바로 윗대는 전쟁을 일삼았다. 정치를 하다 먼저 한 방 날린 뒤에 이야기를 듣는 식이었다. 일테면 할아버지는 후손들에게 다음과 같은 따끔한 말을 남겼다.

밀라노에서 뽐낸 다재다능함

루도비코 스포르차는 이탈리아가 르네상스를 맞아 예술의 나라, 철학의 나라, 진보의 나라로 불린다는 것을 알아차리고 이웃 메디치 가문처럼 좀 더 훌륭한 집안이 되고자 다 빈치처럼 뛰어난 인물을 뒤에서 돕기로 했다. 그렇게 마음을 굳힌 스포르차는 끊임없이 일을 벌였고, 새로운 궁정 자문관 다 빈치는 발바닥에 땀이 나도록 뛰어다녔다. 다 빈치는 한 가지 일에만 매달리지 않고 온갖 궁정 일을 다 떠맡았다!

다 빈치가 맡은 일은 크게 다음 세 가지였다.

1. 궁정 화가

다 빈치는 스포르차 집안사람들과 그 곁을 지키는 사람들의 초상화를 그럴싸하게 그려 주는 일을 맡았다. 그중에서 스포르차의 연인 열일곱 체칠리아 갈레라니를 그린 작품이 바로 〈담비를 안고 있는 여인〉이다.

다 빈치가 체칠리아 갈레라니에게 담비를 안긴 까닭은 담비를 그리스 어로 하면 '갈레'였기 때문이다(이름이 체칠리아 스컹크라니가 아니라서 다행이다).

2. 축제 담당자

다 빈치는 연극과 뮤지컬을 무대에 올려 스포르차 공작이 베푸는 연회에 나온 사람들에게 즐거움을 선물했다. 조카 조반니와 나폴리 왕의 손녀가 결혼할 때는 루도비코 스포르차가 우주를 주제로 하는 피로연을 열기로 정하자 다 빈치는 온갖 도구와 장치를 모아 화려한 우주를 꾸몄다. 공작과 친구들은 술을 마시며 실컷 먹은 뒤에 다 빈치가 마련한 무대를 보러 우르르 몰려갔다. 과연 누구도 실망하지 않는 무대였다. 음악이 울려 퍼지자 커튼이 걷히며 무대에서 큰 산맥이 모습을 드러냈다. 무대가 갑자기 빙글빙글 돌아가더니 산맥이 반으로 갈라졌다. 그 사이에서 돔이 반짝였는데 별이 점점이 박힌 하늘 같았다.

일곱 행성으로 꾸민 배우들이 아름답게 동그라미를 그리자, 다른 배우들이 그 앞으로 나와서 신부를 기리는 대사를 외웠다.

3. 최고 기술자이자 책임자

밀라노 공국은 바쁘게 돌아갔다. 전쟁을 대비하느라 새로운 수송 작전을 펼치고 건물을 짓고 물자를 마련해야 했다. 다 빈치는 수로 내는 일을 살폈으며 새 성당에 딸린 건물 도면을 그렸고 납을 녹여 틀에 부어 대포알 만드는 일을 지켜보았다.

하지만 다 빈치의 창의성을 빛나게 한 것은 공작이 시킨 일이 아니었다. 밀라노에 온 지 얼마 지나지 않아서 다 빈치는 아주 대담한 일을 떠올리지 않을 수 없었다.

밀라노 신문

1485년 봄

흑사병이 수많은 사람을 덮치다

흑사병이 돌아왔다! 우리 시민들이 파리 떼처럼 죽어 나간다. 게다가 묘지기들이 (땅을 갖고 있어) 돈을 밝히다 보니 곳곳에 썩은 시체가 널려 있다. 시민들은 돈이 없어서 가족을 묻지도 못하고 있다. 대단히 어질고 고귀한 루도비코 스포르차 공작은 언덕 위쪽으로 집을 옮겼다.

혹시라도 가족이 흑사병에 걸렸다면 손을 써야 한다. 환자를 다른 곳으로 옮기는 한편 환자의 옷과 담요는 불에 태우고 열심히 기도하라! 한두 주 뒤에는 흑사병이 수그러들어서 죽은 사람 숫자가 줄어들기를 바랄 뿐이다.

사라진 다 빈치 공책 1485년

무시무시한 재앙이 밀라노를 덮쳤다. 수만 명이 흑사병으로 죽었다. 대여섯 걸음마다 흑사병에 걸린 사람들이 쓰러져 있어 곳곳에 시체와 병자가 가득하다.

> 나로서는 이런 아수라장이 벌어질 줄 짐작했다. 이 역겨운 도시에 사람들이 얼마나 많은지 시장 한쪽 우리에 갇힌 염소보다 더 바글댔다. 사방팔방 쓰레기가 쌓여 있고, 죽음과 질병의 냄새가 하늘을 떠돈다! 밀라노는 머리부터 발끝까지 새롭게 탈바꿈해야 한다. 그리고 그 일에는 내가 제격이다!

첨단 도시

레오나르도 다 빈치는 기발한 상상력과 뛰어난 두뇌로 밀라노의 인구 문제와 위생 문제를 풀려고 했다. 그래서 모습과 뼈대가 다양한 건축물을 떠올렸다.

다 빈치는 강변에 신도시를 세우자고 했다. 신도시는 반듯반듯하고 탁 트인 느낌이 나야 하므로 전보다 널따란 지역을 열 곳 마을로 나누었다. 지역마다 수로가 지나가므로 밭에 물을 대거나 배를 타고 다닐 수 있었다(그리고 쨍쨍 더운 여름날이면 헤엄치며 놀 수도 있었다). 수로 사이사이에 커다란 날개바퀴를 달면 물이 줄기차게 나와 거리가 깨끗해진다.

이 놀랄 만한 신도시는 2단으로 짜여 있었다. 위쪽은 (다 빈치와 공작과 공작 친구들을 위한) 상류층 집이 들어설 곳이었고, 아래쪽은 가게와 장사꾼과 평민이 살 집이 들어설 곳이었다. 건강에 좋고 깨끗한 첨단 도시를 위해서 새

로운 공공건물에는 나선 계단을 올릴 것이다. 왜냐고? 너저분한 사람은 네모나고 구석진 곳이 있으면 쓰레기를 함부로 버리거나 슬그머니 볼일을 보기 때문이다.

또한 다 빈치는 편의와 복지를 위해 곳곳에 공중 화장실을 생각했고 화장실 뼈대와 모양까지 그려 놓았다.

맺음말

누군가는 다 빈치가 멋지게 설계한 도시에서 위쪽은 평민들이 드나들 수 없는 곳이란 것을 보고 다 빈치를 조금 인정이 없는 사람이라고 여길지도 모르겠다. 하지만 그때 살았던 다 빈치나 여느 사람들은 인간이란 태어날 때부터 지혜로운 권력층과 덜떨어진 일꾼으로 나뉘므로 자기 신분을 잊으면 안 된다고 생각했다. 사실 다 빈치는 평민에 대해 다음과 같이 썼다.

(다 빈치는 위 문장보다 훨씬 심하게 썼다.)

다 빈치는 도시를 설계하는 데서 그쳤고 벽돌과 회반죽으로 세우지는 못했다. 흑사병이 물러가자 살아남은 사람들은 예전 그대로 지저분하게 살아갔다. 그때는 다 빈치 또한 크고 깨끗한 도시를 굳이 고집하지 않았을 것이다. 큰 두뇌가 새로운 큰 일 쪽으로 확 기울었기 때문이다. 그야말로 무지무지 으리으리한 일이었다.

엄청나게 큰 말

 살았을 때 아무리 유명했다 하더라도 사람들의 기억에 남지 못하면 죽음과 함께 사라진다. 화가와 과학자와 음악가는 그림이나 발명품이나 음악을 남기지만, 정치가와 군인은 빼앗은 마을이나 무너진 도시나 헛된 약속 말고는 남길 것이 없다. 루도비코 스포르차는 아버지 프란체스코 스포르차를 오래오래 기억하도록(비둘기에게 올라앉기 좋은 곳을 마련해 주려던 게 아니라) 아주 큰 말에 올라탄 아버지 모습을 동상으로 남기려 했다. 말 높이만 놀랍게도 7m였으니(2층 버스 높이와 맞먹는다) 이제껏 만들었던 조각 중에서 가장 큰 것이었다.

나만의 동상 만들기

가장 좋아하는 말이나 햄스터, 남자 친구, 여자 친구, 텔레비전에 나오는 사람을 르네상스 시대 조각가나 청동 주물공처럼 커다란 동상으로 만들어 보자.

준비물

쇠를 두드릴 때 쓰는 쇳덩이 받침대 모루, 청동 여러 톤, 석고 반죽 여러 자루, 대장간, 익숙한 기능공 조수 대여섯 명(15세기 르네상스 시대 기술자 환영), 점토, 큰 벽난로, 많은 왁스(코딱지 정도로는 어림도 없다), 망치와 끌, 톱, 잘 휘는 쇠붙이, 커다란 용광로, 방열복, 아주 든든한 생명 보험, 크고 튼튼한 기중기

동상 만드는 순서

1. 쇠로 만든 뼈대에 점토를 붙여 모형을 만든다.

2. 점토로 만든 모형에 왁스를 바른다.

3. 모형에 왁스가 나오게 기다란 관을 꽂는다. 왜냐고 묻지 마라! 그냥 시킨 대로 따르도록!

4. 왁스를 바른 모형 둘레에 젖은 석고 반죽으로 거푸집을 쌓는다. 석고 반죽이 마르다가 관이 막히는 일이 없도록 주의한다. 모루에서 두들겨 만든 철띠로 석고 덩어리를 두른다.

5. 석고 반죽 거푸집을 큰 벽난로에 집어넣고 불을 때면 왁스가 모두 녹는다. 자, 이제 눈치챘지! 관이 녹으면 그대로 길이 나므로 남은 왁스가 그 길을 따라 흘러나온다. 보이지?

6. 모형과 똑같은 석고 반죽 거푸집이 다 되었다. 물론 속은 텅 비었다.

7. 땅을 파고 크고 튼튼한 기중기로 거푸집을 들어 올려서 구덩이에 내려 놓는다.

8. 용광로에 청동을 넣고 불을 땐다. 아주 뜨거워지고 청동이 희끄무레하게 줄줄 녹아내리면 거푸집에 뚫린 구멍으로 녹은 청동을 쏟아붓는다.

경고! 녹은 청동은 무척 위험하다. 날씨나 온도가 변하거나 거푸집 안이 축축하면 모조리 쾅 폭발한다. 자칫하면 여러분과 조수가 뜨거운 흰색 금속을 뒤집어쓰기 십상이다. (거푸집을 땅에 묻는 까닭 중 하나가 폭발할 위험이 있기 때문이다.)

9. 조수와 가게로 가서 주스와 치즈와 과일을 먹는다. 모든 것이 식을 때까지 기다린다.

10. 다시 가서 기중기로 땅에 묻은 거푸집을 들어내고 망치와 끌로 석고 반죽 거푸집을 떼어 낸다.

11. 드디어 아름다운 동상 모형이 탄생했다! 튀어나온 관을 톱으로 잘라 내고 거슬리는 데도 다듬는다.

12. 여러분의 걸작을 a) 반짝반짝 윤을 내거나 b) 이리저리 모양을 새기거나 c) 쓰레기통에 처박아라.

다 빈치야말로 말이라면 무조건 좋아했기 때문에 큰 말을 만드는 데 딱 어울리는 사람이었다. 게다가 아주 돈 많고 힘센 스포르차 성안 마구간에는 훌륭한 말이 가득했으므로(오늘날 억만장자가 차고에 값비싼 자동차를 잔뜩 갖고 있듯이) 다 빈치는 마음껏 말을 살펴볼 수 있었다. 큰 말을 만들기에 앞서 말을 스케치하고 몸길이를 쟀다. 말이 걷고 뛰고 힘껏 달릴 때 저마다 어떻게 다르게 움직이는지 그것도 적어 두었다(말이 드러누워서 배를 긁어 달라는 모습까지도). 심지어 말을 해부하여 움직이는 근육과 기관이 서로 어떻게 이어져 있는지 눈으로 직접 보았다.

이제 거푸집에 청동을 쏟아붓기 전에 만들어 보는 점토 모형 스케치는 그만하면 됐다. 점토를 주무르고 메치고 다듬으며 10년을 훌쩍 보내고서야(쉬엄쉬엄 하다 보니) 점토 모형이 다 됐다. 1493년에 다 빈치가 스포르차 성안 뜰에 점토 모형을 전시하자, 밀라노 사람들은 입을 쫙 벌린 채 놀라운 말을 보며 한마디씩 던졌다.

1494년, 어마어마하고 으리으리한 말의 탄생을 앞둔 때에 프랑스가 이탈리아를 쳐들어왔다. 루도비코 스포르차 공작이 밀라노 공국을 지키기 위해 모든 청동을 거두어 대포로 만드는 바람에 동상은 막바지에 미루게 되었다. 큰 점토 말은 프랑스와 이탈리아가 전쟁을 벌이던 5년 동안 그 자리에 서 있었다. 그러다가 1499년에 승리를 거둔 프랑스가 마침내 밀라노로 쳐들어와 프랑스 궁사들이 점토 모형을 과녁 삼아 활을 쏘았다.

꼬리말

으리으리한 말은 마침내 세상에 나왔다. 하지만 다 빈치의 손에서 끝난 게 아니었다. 다 빈치가 죽고 거의 500년이 지나서야 동상은 빛을 보았다. 1970년대에 부유한 미국 예술 애호가가 그 말에 관한 이야기를 듣고는 몇몇 예술가에게 원래 크기대로 동상 두 점을 만들어 달라고 했던 것이다. 그리하여 앞서 설명한 옛날 모형 기법과 청동 주조 기법으로 동상을 만들었다. 그 예술 애호가는 동상 한 점을 다 빈치의 천재성과 르네상스 시대 이탈리아를 기리는 뜻으로 1990년대에 밀라노로 보냈고, 다른 한 점은 미국 미시건 주 조각 공원에 두었다.

사라진 다 빈치 공책 1489~1490년

1489년

여전히 숨 돌릴 새도 없이 바쁘다! 그리고 흥분을 감출 길이 없다. 전에 만났던 프랑스 사람이 태양의 크기를 알려 주겠다고 약속했다.

또한 위대한 그리스 철학자 아리스토텔레스의 천문학 논문이 이탈리아어로 나왔기 때문이다. 빨리 읽고 싶어서 좀이 쑤신다! 요즘은 재미있는 것을 궁리해 보고 있다. 예를 들자면 이런 것이다.

밝기를 조절할 수 있는 갓등

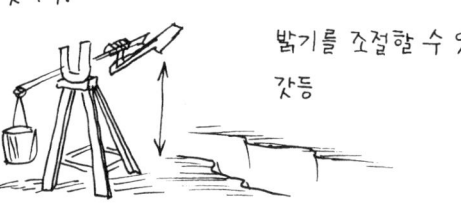

도랑을 청소해 주는 기중기

앉아 있으면 통증을 없애 주는 안마 의자

이번 주에 꼭 할 일

1) 스포르차 성 재기(시간이 나자마자)
2) 대포 만드는 법 알아내기
3) 포르티나리 경에게 벨기에와 네덜란드와 프랑스에 걸친 플랑드르 사람들이 어떻게 얼음판을 달리는지 물어보기
4) 강에 댐 쌓는 방법과 경비 알아보기
5) 미네스트로네를 좀 더 사 놓기(냠냠!)

1490년 7월 12일
하인을 하나 들였다. 열 살짜리 녀석은 검은 곱슬머리에, 이름은 지아코모다. 누더기 차림으로 거리를 누비던 애다.

1490년 8월 10일
꼬마 지아코모는 골칫덩어리다! 양복장이에게 꼬마가 입을 옷을 지어 달라고 했다. 그런데 내가 옷값으로 꺼내 둔 돈을 녀석이 훔쳐 갔다. 그놈은 딱 잡아뗐지만 척 보면 안다. 지아코모 대신 '작은 악마'라는 뜻의 살라이란 이름을 붙여 줬다.

다 빈치의 삶

대단히 독특한 인물답게 다 빈치는 세상을 바라보는 눈과 생각이 남달랐다. 당연히 그런 태도와 취향은 삶이나 친구를 사귀는 데 영향을 끼쳤다(복슬복슬한 짐승과 깃털 달린 친구에게도).

가족

다 빈치는 결혼을 한 적이 없고 아이도 없었다. 그저 평생을 같은 화가나 친구와 어울렸다. 39세 때부터 꼬마 살라이를 (나중에는 큰 살라이를) 데리고 살았을 뿐이다. 살라이가 걸핏하면 말썽을 피우며 몹쓸 짓만 골라 하는데도 다 빈치는 그런 버릇을 눈감아 주고 좋은 것을 먹여 주고 근사한 옷을 입혀 주고 꾸준한 관심을 기울였다. 원래는 살라이에게 그림을 가르치려 했으나 살라이가 그림에 영 소질이 없자 곁에 두고 심부름을 시켰다고 한다. 살라이는 다 빈치와 20년 넘게 살면서도 다 빈치가 고개를 절레절레 저을 만큼 나쁜 짓만 골라 했다. 하지만 다 빈치는 살라이를 내쫓지 않고 이렇게 타일렀다.

크고 작은 생물

다 빈치는 동물을 좋아하다 보니 시대를 앞선 동물 보호주의자이자 채식주의자가 되었다. 그 뜻을 실천하고자 들새를 잡아다 새장에 가두고 파는 가게로 가곤 했다. 그때에는 현관문에 새장을 걸어 놓고 아름다운 새소리를 듣는 사람이 많았다(게다가 새는 생김새도 사냥개보다 훨씬 예쁘다). 다 빈치는 새장에 갇힌 들새를 통째로 사서(단, 짹짹거리며 살아 있는 새를) 훨훨 날려 보냈다.

다 빈치는 또한 사람이 고기를 먹으려고 살아 있는 돼지나 양을 학대하는 짓은 잘못된 것이라며 채식주의자로서 샐러드나 버섯이나 가장 좋아하는 미네스트로네를 주로 먹었다.

성가신 사제

다 빈치가 사제에게 물세례를 준 일은 놀랄 일이 아니었다. 다 빈치는 그때 성직자를 그리 탐탁하게 여기지 않았다. 대충 이렇게 성직자를 나무랐다.

> 성직자는 수다쟁이인 데다 돈만 많이 받는다. 하느님이 무척 흐뭇하게 보신다고 하면서 하릴없이 궁정을 어슬렁거릴 뿐이다. 더욱 나쁜 것은 가난한 사람들에게 아무리 힘들어도 꾹 참아야만 천국에 가서 영생을 얻는다고 말하고 다닌다는 것이다.

15세기 교황과 사제는 성당에 돈을 내는 사람만이 죄를 용서받는다고 했으므로 다 빈치가 한 말은 이해할 만한 것이다.

다 빈치는 늘 성직자를 못마땅하게 여겼지만 한편으로는 성직자에 기대어 먹고살았다. 밀라노에서 큰 말 동상을 세우는 데에만 힘을 쏟았던 것은 아니다. 식탁 차릴 돈을 벌기 위해서 다른 사람의 커다란 저녁 식탁 그림을 열심히 그려야 했다.

예수 그리스도, 최고의 스타

레오나르도 다 빈치가 그린 그림 중 원래 있던 자리에 있는 작품은 〈최후의 만찬〉뿐이다. 뭐, 그리 놀랄 일도 아닌 것이 밀라노에 있는 산타 마리아 델레 그라치에 수도원 식당 벽에 그렸기 때문이다. 루도비코 스포르차 공작은 수사들에게 다 빈치를 추천했고 다 빈치더러 〈최후의 만찬〉 벽화를 그리라고 한동안 졸라 댔다. 다 빈치는 1495년 무렵 벽화에 손대기 시작했다. 그림은 식당에 딱 어울렸다. 예수가 십자가에 매달리기 전에 제자들과 마지막 만찬을 나누는 장면이기 때문이다(예수가 제자 중 하나가 자기를 배신할 거라는 말을 하고 있다).

세상에서 가장 아름다운 그림으로 꼽히는 이 큰 작품은 세로 4.6m에 가로 8.8m다. 바닥에서는 2m 떨어져 있다. 다 빈치는 높은 곳에서 그리려고 비계를 세운 뒤 벽에 바싹 붙어서 그렸다. 〈최후의 만찬〉은 눈높이보다 2m나 위쪽에 있는데도, 눈길이 그림에 쏠리게 하고 예수의 얼굴이 두드러지도록 원근법으로 교묘하게 그렸다.

다 빈치는 작품을 시작하면 거기에 빠져들었다. 위대한 화가가 〈최후의 만찬〉을 그릴 때 누군가 그 모습을 두고 다음과 같이 말했다.

레오나르도는 꽤 이른 아침에 와서 비계에 올라가자마자 붓을 든다오. 때로는 동이 틀 때부터 해가 저물 때까지 비계에서 붓을 내려놓지도 않으며 먹고 마시는 것도 잊은 채 쉴 새 없이 그리지요! 반면에 사나흘 동안 그림에는 손도 대지 않을 때가 있다오. 팔짱을 낀 채로 몇 시간이나 그림을 뚫어져라 바라보며 생각에 잠겨 있더군요! 한번은 해가 쨍쨍 내리쬐는 한낮에, 베키아 궁전에서 여기로 오더니 붓을 움켜쥔 채 비계에 올라 붓질을 두세 번 하고는 금세 내려와 다시 나가 버립디다!

두고두고 기억에 남을 만한 태도다! 그런데 얼마 뒤에 말썽이 생겨 그림을 더디게 그려 나갔으니……

사라진 다 빈치 공책 1497~1498년

1497년

〈최후의 만찬〉을 잘 그리고 있다. 그런데 수사들이 징징대서 문제다! 열한 제자는 이미 다 그렸고 지금은 유다만 남았다. 몸까지 그렸지만 못된 배신자의 추한 얼굴에 딱 어울리는 사악한 표정을 찾지 못했다!

1497년 (몇 달 뒤)

아직도 유다 얼굴을 찾고 있다. 수사들은 또 짜증을 냈다! 수도원 원장은 스포르차 공작을 찾아가서는 도대체 그림이 언제 끝나느냐며 소중한 수도원 식당이 그림 도구로 엉망진창이 되었다고 투덜댔다. 공작이 그 말을 전하기에, 나는 날마다 두 시간씩 그림에 힘을 쏟고 있다고 대답했다.

1498년

수도원 원장이 다시 스포르차 공작을 쫓아가서 1년이 훌쩍 지나도록 내가 그림에 손도 대지 않았으며 딱 한번 그림을 보러 들르더라고 일러바쳤다. 진짜다! 하지만 난 공작에게 전처럼 날마다 두 시간씩 꼬박꼬박 그린다고 말했다. 공작은 어리둥절해했다! 그래서 공작에게 우리 예술가는 그림을 안 그리는 것처럼 보여도 머릿속은 무척 복잡하다고 말했다! 유다 얼굴에 걸맞은 못된 인물을 바라고 깡패와 강도가 바글거리는 위험한 뒷골목을 돌아다니며 천한 낯짝을 찾고 있었노라고 털어놓았다. 유다에게 어울림직한 험상궂은 사람을 못 찾으면 수도원장 얼굴을 그리는 수밖에 없다고 덧붙였다. 공작은 배꼽을 잡고 웃어 댔다!

1498년 (몇 달 뒤)
드디어 악당을 찾아내어 유다 얼굴을 그려 넣었다. 이제 〈최후의 만찬〉은 다 그렸다. 진짜로 손 털었다! 깨끗이!

다 빈치는 그렇게 생각했다! 하지만 일은 다 빈치 생각대로 굴러가지 않았다.

훌륭한 만찬이 엉망진창으로 변하다

르네상스 시대 이탈리아 예술가는 주로 프레스코 기법으로 벽화를 그렸다. 프레스코 기법이란 물에 녹인 안료를 회반죽벽이 마르기 전에 그리는 것이다. 이 미술 기법은 빈틈없이 준비했다가 단숨에 죽 그려야 한다. 왜냐하면……

그것은 다 빈치가 그리는 방식이 아니었다. 다 빈치는 그림을 자주 어루만졌으며 때로는 몇 번이고 덧칠하면서 곰곰이 생각하느라 번번이 붓을 놓았다. 그래서 회반죽을 두 겹 바른 벽에 템페라 물감을 아주 두껍게 덧칠하는 프레스코를 생각해 냈다. 그런데 웬일인지 다 빈치는 이 새로운 기법을 따져 보지도 않고 대뜸 큰 예술 작품에 쓰기 시작했다. 게다가 엎친 데 덮친 격으로 벽에 습기가 차올랐다. 3년에 걸쳐 생각하고 피땀 어린 노력을 기울이고 수사들의 짜증을 참아 내며 세상에서 가장 아름다운 그림을 그렸건만 그 그림이 눈앞에서 부서지기 시작했다!

하지만 거기가 끝이 아니었다. 온갖 재앙이 끊임없이 그 그림을 덮쳤고 훌륭한 예술가들이 그림을 복원해 보려던 일조차 악몽으로 끝나고 말았다!

〈최후의 만찬〉의 슬픈 역사

1499년 다 빈치가 작품을 끝내자마자 습기와 먼지 때문에 그림이 상했다.

1500년 홍수 때문에 식당이 물에 잠겼다. 물기 때문에 벽 곳곳이 썩어 갔다.

1503년 〈최후의 만찬〉에 바른 물감이 가을날 나뭇잎처럼 우수수 떨어지기 시작했다.

1556년 〈최후의 만찬〉은 상태가 더욱 나빠져 지저분한 얼룩과 물감 자국만 점점 남았다.

1624년 수도원 식당에 이르는 문을 내느라 벽에 구멍을 뚫었다. 바로 예수의 발가락과 식탁보가 그려진 곳이었다. 훗날 다시 막아 놓았지만 자국은 그대로 있다! 그리고 예수의 발가락은 제 모습을 찾지 못했다!

1700년대 그림을 복원하려고 두 번 붓을 들었으나 화가들이 남은 그림까지 왕창 뜯어내고 제멋대로 칠하는 바람에 결과가 썩 좋지 않았다.

1796년 나폴레옹이 이탈리아를 정복했을 때 군인들이 식당을 말여물 창고로 썼다(나폴레옹이 말렸지만 헛일이었다). 군인들은 또한 열두 사도의 머리에 벽돌을 던지며 시간을 보냈다고 한다.

1800년 식당이 다시 물에 잠겼다.

1820~1908년 세 번 더 벽화를 땜질해 보려고 했다.

1943년 제2차 세계 대전 때 폭탄이 식당 지붕에 떨어졌으나 벽에는 맞지 않아 〈최후의 만찬〉은 겨우 화를 면했다.

수백억 원짜리 복원

1977년에 이탈리아는 〈최후의 만찬〉을 다시 예전 모습으로 돌려 달라며 여러 미술 전문가에게 복원할 돈을 내놓았다. 복원 전문가들은 예전에 덕지덕지 발라 놓은 그림물감과 접착제를 살살 떼어 냈다. 1mm씩 벗겨 내고 붓으로 살살 털자 원래 그림이 천천히 제 모습을 드러냈다! 복원을 마치기까지 무려 20년이 걸렸다! 그렇다! 〈최후의 만찬〉은 다 빈치가 그리던 시간보다 열 배나 더 시간을 들여서 복원했다. 오늘날 누구나 볼 수 있는 이 작품은 1회 관람 시간이 15분이며 관람객이 25명을 넘어서면 안 된다(그림을 보다 감탄스러워도 끝까지 숨을 참아야 한다). 특별히 먼지를 빨아들이는 양탄자가 깔리고 먼지를 걸러 내는 관이 달려 있어서 그림에 해를 주는 첫 번째 원인인 오염 물질이 공기 중에는 없다. 하지만 어떤 미술 전문가는 500년 역사의 그림에 손을 많이 대서 천재 다 빈치의 느낌이 전혀 없다고 말한다(레오나르No의 작품으로 보인다).

레오나르도 다 빈치처럼 위대한 작품을 그려 보자

준비물: 팔레트, 붓, 종이, 연필, 목탄이나 검은색 파스텔, 유화 물감, 아마유, 벽이나 커다란 화판, 뾰족한 핀, 깨끗한 헝겊, 길고 하얀 수염(달고 싶은 사람만. 붓을 닦을 때 아주 편하다), 그리고 머릿속에 떠오르는 느낌

그림 그리는 순서

1. 그리려는 것을 보며 머릿속으로 스케치해 본다. 그 모습을 확실히 알았다고 느낄 때까지 계속한다.

2. 머릿속에 새긴 모습을 하나의 작품으로 그린다. 그 작품을 보면서 커다란 종이에 밑그림으로 옮긴다. 종이는 여러분이 바라는 큰 작품과 크기가 같아야 한다. 다 빈치는 벽만 한 도화지를 사기 힘들었으므로(지금도 마찬가지지만) 종이 여러 장을 풀로 붙여서 썼다.

3. 밑그림, 즉 카툰을 나무 화판이나 벽에 붙인다. 뾰족한 핀이나 압정으로 그림 테두리를 따라 콕콕 찌른다.

4. 핀으로 찌른 자리에 목탄을 문지르면 벽이나 화판에 목탄 자국이 남는다.

5. 카툰을 치운다. 큰 작품의 윤곽이 검은색 점으로 드러날 것이다(점과 점 사이를 굳이 이을 필요는 없다).

6. 화판에서 그린다면 황토색이나 갈색처럼 중간색으로 밑그림을 칠한다. 지금 설명하는 방식은 예로부터 내려온 유화 기법이다. 따라서 중요한 곳을 칠한 뒤에 어두운 곳은 짙은 색조로, 밝은 곳은 흐린 색조로 그려서 입체감을 살려 준다(3차원으로 보이도록).

7. 갈색 밑그림이 마르면 유약을 덧칠하여 색을 입힌다. 유약은 얇고 투명한 막으로 이루어진 물감이며 아마유가 섞인 것이다. 15세기 예술가들은 유약을 몇 번이나 칠하여 아름답게 반짝이는 색상을 나타냈다.

8. 어떤 곳(빛을 받아서 밝고 반짝이는 곳)을 두드러지게 하고 싶다면 흰색을 칠하거나 흰색에 다른 색을 살짝 섞어서 칠한다.

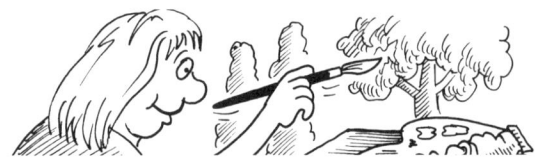

9. 뒤로 물러서서 작품을 감상한다. 절대로 제목을 붙이지 않는다!

10. 서명을 하지 않는다.

이것만은 꼭: 그림을 그릴 때 기법에 얽매이지 않아도 된다. 여러분의 천재성을 자유롭게 풀어 준다(그렇다고 정신마저 풀어 주는 일은 없어야겠지).

물감과 유약이 마를 때까지 다 빈치처럼 미래에 필요하거나 도움이 되는 일을 시작해 본다. 타임머신을 만들거나 물로 움직이는 자동차 엔진을 만들면 좋겠군.

사라진 다 빈치 공책 1499년

1499년 이른 봄

밀라노에서 하루하루 보람차게 살아가고 있다. 모든 게 척척 돌아간다. 돈도 꽤 많이 모았으며 큰 작품을 몇 점 더 그렸고 연구와 실험도 해 봤다. 게다가 루도비코 스포르차 공작이 나에게 작지만 멋진 변두리 포도밭을 내주었다. 난 거기에 집을 지을 생각이다. 그런데 조금 걱정이 앞선다. 프랑스 루이 12세가 베네치아 도제와 쑥덕거린다는 소문이 들린다. 사실이라면 공작으로서는 골치깨나 아파진다.

1499년 이른 여름
운동과 무게에 대해 아주 신기한 실험을 몇 가지 해 보았다. 그리고 아라곤 공작 부인이 목욕할 때 물을 데워 줄 작고 예쁜 난방 장치를 만드느라 꽤 바빴다. 내 생각에는 세 곳이 뜨겁고 한 곳이 차가워야 온도가 딱 알맞은 목욕물이 된다.

밀라노 신문

1499년 6월

전쟁!

실제 상황이다! 우리는 프랑스와 전쟁하고 있다. 루이 12세와 병사들이 알프스 산을 넘어와 우리 밀라노 공국 서쪽 국경선에 있는 요새와 성채를 빼앗았다. 게다가 동쪽에서는 베네치아 병사들이 우리를 친다.
이제 우리는 외국 침입자에 용감히 맞서야 한다.

밀라노 신문

1499년 8월

프랑스의 연이은 승리!

프랑스 군대가 승전보를 울리며 거침없이 밀라노로 밀고 내려와 밀라노 사람들은 혼란에 빠졌다. 루도비코 스포르차 공작은 사람들의 도움을 바랐지만 뜻대로 이뤄지지 않았다.

속보: 몹시 성난 사람들이 밀라노 재무관을 목매달았다. 장군들은 꼬리를 감추거나 달아나 버렸다. 참으로 부끄러운 짓이다!

1499년 10월에 루이 12세와 군인들이 밀라노를 치고 들어왔다. 루도비코 스포르차 공작은 허둥지둥 달아났으며 약탈과 살인이 도시 곳곳에서 벌어졌다.

사라진 다 빈치 공책

1499년 가을

이젠 밀라노를 떠나야 할 것 같다! 이곳에서 돌아가는 일이 너무 뒤숭숭하다. 떠나기 전에 이런저런 것을 서둘러 모으고 있다. 책이며 이불 등등. 산타 마리아 수도원에서 〈최후의 만찬〉을 그릴 때 피웠던 자그마한 난로도 챙겨야겠다.

가져가기 힘든 물건은 팔 생각이다. 그리고 모아 놓은 돈은 피렌체로 보내야겠다. 이럴 때는 돌다리도 두드려야 한다! 사야 할 물건이다. 식탁보, 수건, 모자, 신발, 긴 양말 네 켤레, 긴 염소 가죽 외투, 외투 만들 가죽, 종이, 안료 상자. 수박씨와 백합씨도 필요할까?

물이야, 물!

그렇게 끝났다! 1500년에 다 빈치는 밀라노에서 보낸 17년이란 세월을 접고 길을 나섰다. 그 뒤로 남은 삶을 피렌체와 밀라노와 로마와 그 밖의 이탈리아 도시를 오락가락 떠돌았다. 1년은 여기에서 지내다가 몇 달은 저기에서 보내며 그 지역 거물이 시키는 일을 고분고분 따랐다.

다 빈치가 처음 머물렀던 곳은 베네치아였다. 거기에서 다 빈치는 사람들에게 터키를 치는 요령을 귀띔해 주었다. 그때 터키는 루도비코 스포르차 공작의 말에 따라 베네치아를 으르고 있었다. 베네치아 사람들이 공작을 몰아내는 데 한몫 거들었지만 다 빈치는 크게 마음 쓰지 않았다. 16세기 이탈리아에서는 사람들이 의리를 지키는 편이 아니었다. 살아남으려면 힘센 자에게 빌붙는 수밖에 없었다. 썩 보기 좋은 모습은 아니지만 어쩔 수 없는 현실이었다!

다 빈치가 물보라를 일으키다

다 빈치는 살아가는 동안 물에 관심을 쏟았다. 놀라운 물에 대한 생각이 마음속에서 철썩거렸다.

"우리 몸에 피가 필요하듯이 세상에는 물이 필요하다."

다 빈치는 어릴 때 어마어마한 대홍수로 집 근처가 물난리를 겪은 적이 있어서 물이 얼마나 무시무시한지 누구보다 잘 알았다. 따라서 두려운 것은 지진이나 화산이 아니라 둑을 넘나들며 어른이나 아이, 마소나 나무나 돼지나 집을 몽땅 휩쓸어 버리는 강물이었다.

다 빈치는 침식 작용으로 물이 바위를 깎아 내고, 흙이 파여 골짜기를 이루며, 때로는 바닷물이 빠져나간 자리에 높은 산맥이 솟아오르는 등 오랜 세월에 걸쳐 일어난 자연 현상을 연구했다.

사라진 다 빈치 공책

1500년 5월

아주 오래된 조개가 이 근처 산꼭대기에 보이기에 그 까닭이 궁금했다. 마을 사람들은 조개가 바위에서 자랐다고 우긴다. 밥통 같은 소리다! 어떤 사람들은 성경에 나온 대홍수 때 조개가 밀려왔다고 본다. 그것 또한 헛소리다! 말도 안 된다! 나는 저 산꼭대기가 예전에는 바다 밑바닥이었을지도 모른다는 생각이 들었다. 조개는 바다 생물에 속하고 죽어서 갯벌에 묻힌다.

그런데 까마득한 옛날에 세상 모습이 변했다! 우리 주변의 신비한 현상을 이해하기 위해서는 상상력과 상식을 무진장 넓히고 마음을 활짝 열어야 한다. 그러다 운이 좋으면 생각이 밀려와서 마음을 흔든다. 조개에 대한 내 생각이 한 치의 오차도 없다는 것을 난 뼛속 깊이 알고 있다!

사람들은 바위와 화석에 대한 다 빈치 이론을 300년 동안 까맣게 잊고 있었다. 그런데 어떤 똑똑한 지질학자가 그 위대한 이론을 연구한 결과 다 빈치가 옳다는 것이 밝혀졌다.

탁월한 묘안

신비한 물에 푹 빠진 다 빈치는 어떻게 해야 물의 힘을 길들일지 그 계획을 늘 꿈꾸었다. 예를 들자면······.

탁월한 묘안 하나: 댐으로 꽉 틀어막기

1490년대에 피렌체는 가까운 피사와 전쟁을 벌였다. 그때 다 빈치는 아르노 강의 흐름을 바꾸면 피사로 흐르는 물길이 막혀 피사 항구가 바싹 마를 거라고 보았다. 그래서 일꾼 수백 명을 모아 강에 큰 나무 장벽으로 댐을 쌓아서 물길을 막자는 묘안을 내놓았다. 그러자면 피사로 흐르는 강의 흐름이 바뀌도록 서둘러 물길, 즉 수로를 파야 한다는 말도 덧붙였다.

결과: 다 빈치가 보기에는 안타깝게도 (하지만 피사 사람들로서는 다행히도) 일꾼이 모자란다거나 물길 둑이 무너져 내리는 따위 온갖 문제가 자꾸 터져 6개월 동안 열심히 땅을 파헤쳤지만 결국 물러서야 했다.

탁월한 묘안 둘: 내 맘대로 수로

다 빈치는 피렌체에 물길을 내고 바다까지 닿게 하려고 했다. 물길은 큰 계단을 따라 언덕 위로 지나가거나 굴을 뚫어 지나가게 할 셈이었다. 큰 계단 곳곳에는 수문과 물푸개를 놓을 생각이었고, 배는 물길을 따라 오르내릴 것이며, 물길 가에는 실크 공장과 제재소, 제지 공장, 도자기 공장을 비롯하여 공업용수가 필요한 공장을 줄줄이 들어서게 할 생각이었다.

결과: 물길은 놓이지 않았으나 20세기에 이탈리아는 언덕을 뚫어서 피렌체를 지나 피사까지 가는 고속도로를 놓았다.

탁월한 묘안 셋: 가둬 버려

1500년에 베네치아는 약 80km 떨어진 이손초 강둑에 터키군이 진을 쳤기 때문에 두려움에 떨고 있었다. 다 빈치는 강 상류에 이동식 나무 수문을 쌓아 물을 가둬 두자는 아이디어를 내놓았다. 터키군이 베네치아를 치려고 강을 건널 때 나무 수문을 모두 열어 놓으면 엄청난 물이 계곡을 타고 쏟아져 내려가 터키군을 모조리 죽일 수 있다는 것이다.

결과: 베네치아 사람들은 다 빈치의 묘안을 딱 잘라 거절했고 터키군은 높은 곳에서 보송보송하게 지냈다.

신비로운 물

다 빈치는 신비로운 물을 어떻게 쓸지 늘 궁리했다. 또한 시시때때 변하는 물을 관찰하다가 새로운 이론을 내세웠다.

신비로운 물 하나: 신기한 파동

물의 흐름을 지켜보던 다 빈치는 빛과 소리도 공기 중에서 물처럼 흐를지 모른다고 생각했다! 오늘날 빛

과 소리를 설명해 주는 파동 이론은 현대 기술 발전에서 절대 빼놓을 수 없는 것이다.

신비로운 물 둘: 증기가 쉭쉭

다 빈치는 주전자에서 물이 끓을 때, 마치 보이지 않는 손이라도 있는 듯 뚜껑이 위아래로 들썩거린다는 것에 눈길이 쏠렸다. 물이 끓으면 김이 나온다는 것을 깨달았다. 그런데 무려 200년이 지나서야 토머스 세이버리가 증기의 원리를 겨우 알아냈다. 세이버리는 증기가 밀어내는 힘이 있다는 것을 깨닫고 최초로 증기 기관을 만들어 냈다.

신비로운 물 셋: 퐁당퐁당

다 빈치는 연못에 돌 두 개를 던져 보고 그 자리에 생겨난 동그란 물결이 서로 부딪치지도 않고 엇갈리지도 않고 밖으로 퍼져 나간다는 것을 알았다.

잠시 생각에 잠긴 다 빈치는 물이 흐르는 듯해도 그 자리에 거의 멈춰 있다는 것을 깨달았다. 사실은 물 위로 진동이 퍼져 나갈 뿐인데도 사람들은 물이 흘러간다고 잘못 보는 것이다.

물을 보고 뭘 할지 생각하다 보니 자연스럽게 H₂O와 관련한 발명품이 떠올랐다. 말하자면······.

기발한 잠수복

다 빈치는 세계 최초로 잠수함으로 일컫는 배뿐 아니라 물이 스며들지 않는 가죽 잠수복도 생각해 냈다.

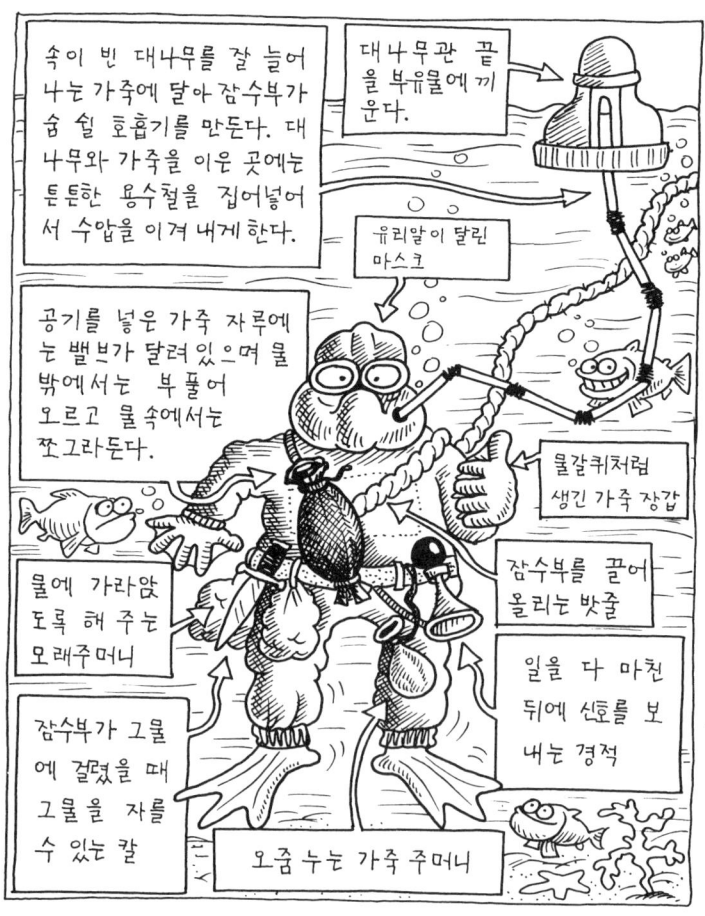

다 빈치는 잠수부가 잠수복을 입고 적진 항구로 가서 바다로 풍덩 뛰어들어 적함에 커다란 구멍을 뚫으면 적함이 부서져 가라앉게 될 거라고 상상했다(다 빈치는 송곳도 생각해 냈다).

수도관 뚫는 도구

오늘날 수돗물은 플라스틱 관이나 쇠붙이관을 타고 흘러나오지만 16세기 이탈리아에서는 큰 통나무 속을 파내고 물을 흘려보냈다. 그런데 통나무가 아무리 굵더라도 속을 똑바로 파내기란 무척 어려웠다. 그래서 다 빈치는 물림쇠로 조정하는 기계 송곳을 생각해 냈다. 그것은 송곳 굴대가 통나무가 움직이지 않게 속을 파내는 장치였다. 오늘날 나무나 쇠붙이를 도려내거나 파내는 공작 기계처럼 보인다.

물 위를 걷는 장비

다 빈치는 물 위를 걷는 장비를 꿈꾸었다(뱃삯도 아낄 겸). 하지만 우리가 알기로는 다 빈치가 그 장비를 만들거나 시험해 본 적은 없었다.

이탈리아가 전쟁에 휘말리다 보니 다 빈치가 생각해 낸 끔찍한 계획은 터키군을 물에 빠뜨려 죽이거나 피사에 흐르는 물길을 막는 것으로 끝나지 않았다. 다 빈치는 이탈리아 역사에서 가장 잔인하고 무자비하고 으스스한 사건에 휘말렸다.

위험한 인물과 잔인한 인간

레오나르도 다 빈치는 다시 짐을 꾸렸으며 이번에는 고향과 가장 가까운 곳으로 가기로 했다. 바로 피렌체다. 다 빈치가 떠난 동안 피렌체는 변했다. 머리부터 발끝까지. 그리고 그 변화를 일으킨 한 사람이 15세기에 찬물을 끼얹었다.

지롤라모 사보나롤라(1452~1498년)
사보나롤라는 종교밖에 모르는 피렌체 수도사로서 도시를 돌아다니며 수많은 사람들에게 설교하고 주장하기를……

사보나롤라는 종교에 눈이 먼 듯 전도하러 다니는 한편, 자신은 미래를 내다볼 줄 안다고 믿었다. 머잖아 다른 나라가 쳐들어와서 제멋대로 날뛰는 르네상스 난봉꾼들을 혼쭐낼 거라는 어두운 예언을 내놓았다. 놀랍게도 1494년에 그 예언이 맞아떨어졌다. 앞서 살펴보았듯이(101쪽 참고) 프랑스 샤를 8세가 이끄는 어마어마한 군대가 이탈리아로 물밀듯이 쳐들어왔다. 프랑스가 남쪽으로 밀고 내려오자 피렌체 사람들은 메디치 가문을 몰아내고 종교 지도자 노릇을 하는 사보나롤라와 함께 자치 공화국을 세웠다. 사보나롤라가 하느님은 화려한 옷과 맛좋은 음식을 기뻐하지 않는다고 설교하자, 피렌체 사람들은 사보나롤라의 뜻에 따라 며칠 금식했으며 비단과 모피를 벗고 누더기를 걸쳤다. (거의 다 그랬다!) 사보나롤라는 특히 '허영의 소각'을 치른 것으로 유명하다. 골동품과 귀금속, 그림, 악기, 비누, 책, 화장품, 거울, 카드 등 사치품은 모두 모닥불에 던져 태워야 한다고 했다. 그런 사치품을 갖는 것은 죄가 되고 부끄러운 짓이기 때문이다.

처음에 가톨릭교회와 몇몇 권력가는 사보나롤라 편을 들었으나 금세 사보나롤라가 펼치는 개혁이 지나치다고 보았다(특히 사보나롤라가 교황은 스스로에게 너그러운 게으름뱅이라고 말했기 때문이다). 1498년 피렌체에서 사보나롤라는 모진 고문을 당한 끝에 목이 매달려 허영의 소각을 치렀던 바로 그 자리에서 화형을 당했다.

사라진 다 빈치 공책 1500~1502년

1500년
이제 피렌체는 내가 기억하는 즐거운 곳이 아니다. 많은 예술가가 아직도 사보나롤라의 그늘에서 벗어나지 못하고 종교 그림에 매달리고 있다.

1502년
새로운 후원자를 만났다! 여러 도시가 권력 다툼을 벌이는 가운데 가장 두드러진 인물은 체사레 보르자다. 내가 기발한 발명가라는 소문이 보르자 귀에 들어갔는지 나를 군사 공학자로 앉혔다. 나는 보르자를 젊은 치즈라고 부른다. (당연히 보르자 뒤에서만!) 교황의 아들인 보르자는 욕심 많은 사람답게 아버지에 딸린 군대를 이끌고 온 이탈리아를 차지하려고 한다. 피렌체 고위층은 보르자에게 잘 보이려고, 똑똑하고 다재다능한 나를 보르자에게 소개한 것이다. 보르자는 정말로 모질고 위험한 인물이라서 나는 보르자의 눈에 들려고 애를 쓴다. 지금은 무시무시한 군인 수천 명을 비롯하여 보르자와 나조차도 이탈리아 중심을 휘저으며 전투를 벌이고 적을 무찌른다. 지금도 역한 피비린내가 곳곳에서 진동한다. 하지만 그런 이야기까지 쓰고 싶지 않다. 어쨌든 난 평화주의자다!

체사레 보르자(1476~1507년)

보르자는 잘생긴 얼굴에 재치가 넘치고 아는 것이 많은 사람이었다. 하지만 함부로 사람을 죽이는 데다 목적을 위해서라면 피도 눈물도 없는 사나운 괴물 같았다. 보르자는 몸서리나는 온갖 일을 저질렀다고 한다. 남동생을 죽인 뒤 테베레 강에 던지고, 누이와 결혼한 여러 왕자를 서슴지 않고 해치워서 악명이 높았다. 게다가 돈과 자리를 차지하려고 눈이 벌겠으며 누구라도 자기 말에 반대하고 나서면 무조건 목숨을 빼앗았다. 한번은 몇몇 부하들이 들고일어났을 때, 보르자는 무슨 말이든 모두 받아들이겠으니 마음을 터놓고 이야기하자고 그 부하들을 불러들였다. 그리고 부하들이 회의장에 들어서자 뎅강뎅강 목을 베었다.

보르자는 피도 눈물도 없는 악마였으며 남다른 버릇이 있었다. 잠은 아침에 잤고 아침은 오후 4시에 먹었으며 사냥터에는 두 마리 애완용 표범을 끌고 나갔다.

예전에 체사레 보르자가 바티칸 산 피에트로(성 베드로) 광장에서 큰 황소 다섯 마리를 혼자 해치워 구경꾼들이 입을 다물지 못했다는 소문도 떠돌았다(황소는 무척 열 받았겠지만). 보르자는 이탈리아 중심부와 남부를 차지하려는 야심이 있었다. 그런데 아버지 교황 알렉산데르 6세가 죽음을 맞이하자 금세 힘을 잃고 쓰러졌으니 이탈리아 사람들은 가슴을 쓸어내렸다.

보르자는 마지막에 고약한 병에 시달려 사람들을 피해 다녔다. 잘생긴 얼굴에 우툴두툴 커다란 종기가 나서 검은 마스크를 쓴 채 밤에만 돌아다녔다(하! 제대로 벌을 받았군).

전쟁이야? 평화야?

다 빈치가 싸우기 좋아하고 피에 굶주린 체사레 보르자와 손을 잡은 까닭은 뭘까? 다 빈치는 '전쟁에 나가는 사람은 미친 짐승이나 다름없다!'고 말한 적도 있었다. 또한 전쟁이나 괴롭고 진저리 나는 일은 싫다고 밝혔다. 그런 다 빈치가 왜 이렇게 왔다 갔다 했는지 오랜 조사가 있었고 수많은 의견이 오갔지만 어느 누구도 그 이상한 두 얼굴에 딱 떨어지는 대답을 내놓진 못했다. 아무래도 다 빈치도 여러 사람처럼(여러분도 그렇듯이) 선과 악을 동시에 지녔던 모양이다!

인간 분쇄기

다 빈치는 별다른 고민 없이 타고난 두뇌로 살상 무기를 만들어 냈을 것이다. 권력에 굶주린 체사레 보르자와 루도비코 스포르차 공작도 그런 까닭에서 다 빈치에게 끌렸으리라.

신기한 탱크 출동

15세기에 전투는 그 모습이 홀라당 바뀌었다. 칼이나 창, 활, 화살 같은 구식 무기는 들어가고, 커다란 나팔총이나 큰 대포처럼 무시무시한 신무기가 나왔다. 수박만 한 대포알은 성벽을 한 방에 뚫었으며 사람의 목을 순식간에 날려 버렸다.

다 빈치는 무시무시한 대포알과 총탄을 막기 위해 신기한 장갑차를 떠올렸으니 사람들은 그 차를 세계 최초의 전차 또는 탱크라고 일컬었다. 다 빈치는 그것을 '안전하게 공격을 막아 주는, 지붕 덮은 전차'라고 말했다.

그 탱크는 쇠로 만든 큰 파이에 바퀴가 달린 모양이었다. 탱크는 적진을 뚫고 들어가 적군을 뿔뿔이 흩어 놓는 동시에 탱크 뒤를 따르는 아군에게는 보호막이 되어 주었다. 탱크가 앞으로 나아가는 동안, 원뿔처럼 생긴 탑에서는 저격수들이 구멍에 대고 총을 쏘았으므로 적군에게는 두려운 차가 될 수밖에 없었다.

철판을 두른 탱크는 여덟 명이 안으로 들어가 쪼그린 자세로 자전거 페달을 밟듯 크랭크를 돌려 바퀴를 굴렸다. 다 빈치는 사람 대신 말이 탱크로 들어가 크랭크를 돌리게 하는 방법을 곰곰이 생각해 보았다. 그러나 말은 막힌 공간을 못 견뎌 하는 데다 요란한 전쟁터 소리에 겁을 먹을 것 같아서 그 생각을 접었다.

무려 400년이 지나서야, 오늘날 군인이 벌벌 떠는 탱크가 드디어 선을 보였다. 최초의 탱크는 제1차 세계 대전 중인 1916년 솜 전투에서 펄펄 날아다녔는데, 무지무지 신기하게도 다 빈치의 예상이 들어맞았다. 즉 탱크는 전쟁터를 거침없이 누비며 가는 곳마다 깔아뭉갰다. 뒤를 따르는 아군은 탱크를 방패 삼아 총탄을 피할 수 있었다. 이처럼 여러 발명품에서 보다시피 다 빈치는 타고난 두뇌로 몇백 년 앞선 생각을 쏟아 냈다!

오싹 소름이 끼치는 낫 달린 전차

이 무기는 15세기 최첨단 전투 장비로, 눈에선 피눈물이 나고 온몸에선 피고름이 나오는 것이다. 낫 달린 전차는 15세기 전에도 나왔으나 다 빈치가 그 전차를 한 단계 높게 고쳐 놓았다. 다 빈치는 전차가 적진으로 밀고 들어갈 때 낫을 사정없이 돌리면 적군이 꼬치구이 신세가 될 거라고 내다보았다. 그러나 낫 달린 전차에는 한 가지 문제가 있었다. 머리 좋은 다 빈치는 금세 알아차렸다. 과연 뭘까? 다음 세 가지 중에서 답은 뭘까?

a) 깃털이 달린 커다란 고무마개를 날카로운 낫에 씌워 버리면 적군은 전차가 지나가도 킥킥 웃을 뿐이다.

b) 적군이 재주를 부리며 팔짝팔짝 뛰어서 섬뜩한 낫을 피한다.

c) 적군의 함정에 걸리면 아군이 전차 때문에 다친다.

답:
c) 다 빈치 말대로 적군이 명령에 따라 한꺼번에 소리를 치거나 북을 두드리면, 전차를 끌던 말이 아군 쪽으로 되돌아 달아나므로 아

군이 오히려 끔찍하게 당한다는 것이다.

어마어마한 석궁

석궁은 중세에 무척 중요한 무기였지만 활이나 다른 총에 견주면 잘 맞지 않았다. 다 빈치는 어마어마한 석궁을 만들어 큰 화살을 퍼부으면 적군이 두려움에 휩싸일 거라고 여겼다.

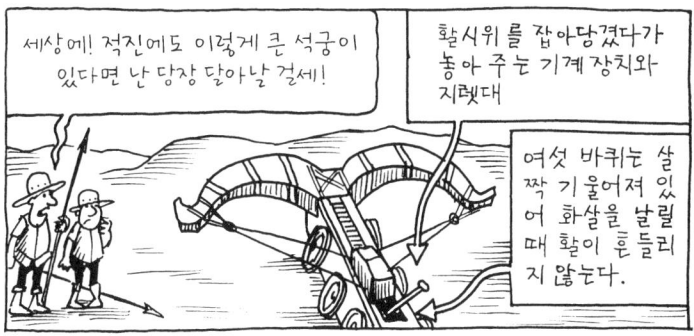

연발총

다 빈치는 연발총을 1480년과 1482년 사이에 생각해 냈다. 33개 총을 11개씩 3단으로 쌓아 두었다. 총알은 한 번에 하나씩 나갔다. 다 빈치는 이 연발총을 오르간 총이라고 이름 붙였는데 총을 늘어놓은 모습이 오르간의 파이프처럼 보였기 때문이다.

사라진 다 빈치 공책 1502년

체사레 보르자 밑에서 군사 공학자로 지내다 보니 손이 열 개라도 모자랄 지경이다. 요즘에는 누군가 발밑으로 땅굴을 파면 재깍 알아내는 방법을 찾아냈다. 적군이 우리 수비대를 치려고 땅굴을 파곤 하는데 이 방법이 꽤 도움이 될 것 같다. 땅바닥에 북을 놓고 그 위에 주사위를 올려 두면 된다. 주사위가 튀어 오른다는 것은 땅속에서 움직임이 있다는 뜻이다. 주사위는 진동에 따라 튀기 때문이다! 또 하나, 소리에 앞서서 빛이 보인다는 것을 알아냈다. 총에서 연기가 피어오른 뒤에 폭발음이 들린다. 그건 번개가 치고서야 천둥소리가 울리는 것과 같은 것이다.

그 뜻은 한 가지다. 빛은 소리보다 빠르다! 이 세상에는 우리가 모르는 것이 너무 많다!

(몇 달 뒤에)
지도를 만들고 적군을 물리칠 방안을 세우느라 여러 요새를 발바닥에 땀이 나도록 돌아다니고 있다. 젊은 치즈는 나에게 특별한 통행증을 건네주었다. 통행증만 내밀면 어디든 돌아다녀도 되고 누구에게나 도움을 받을 수 있다. 사실 지도 만드는 일은 꽤 흥미롭다. 이것은 내가 그린 중부 이탈리아 지도다.

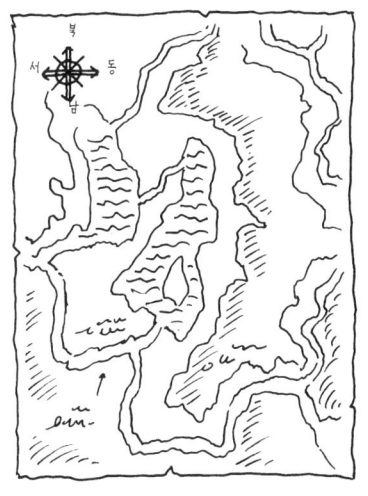

요전에는 자그마한 사냥개처럼 생긴 별난 사람을 만났다. 마키아벨리라고 새 피렌체 공화국에서 중요한 일을 맡고 있는 사람이다. 마키아벨리는 내가 모시는 보르자에게 깊은 인상을 받은 모양이다. 나와 마키아벨리는 꽤 죽이 맞는다.

니콜로 마키아벨리(1469~1527년)

다 빈치가 새로 사귄 마키아벨리는 메디치 가문에 이어 들어선 피렌체 공화국 공무원이었다. 마치 족제비와 만화 주인공과 로봇을 합쳐 놓은 것처럼 생겼다. 또한 의심이 많은 데다 교활한 사람이었다고 알려져서 오늘날 마키아벨리란 이름은 약삭빠르고 믿을 수 없는 사람을 가리킬 때 들먹인다.

마키아벨리는 뒤에서 숙덕거리거나 체사레 보르자의 비위를 맞추느라 정신이 없었다. 또는 이탈리아를 손에 넣으려는 보르자를 도와 일을 꾸미거나 《군주론》이란 책을 쓰며 시간을 보냈다. 《군주론》은 거의 보르자의 삶을 바탕으로 쓴 책이다. 마키아벨리는 이 책에서 군주란 품위 없이 슬리퍼를 끌며 길 잃은 고양이에게 친절을 베푸는 것보다 비열하고 잔인하게 다스리는 편이 낫다고 했다. 독재자가 내리는 고문이야말로 안정되고 행복한 사회를 이끌기 때문이다.

《군주론》이 나온 뒤로, 전 세계 폭군과 독재자는 이 책을 꼭 읽어야 할 책으로 손꼽았으며 나폴레옹 보나파르트 또한 이 책만은 꼭 읽어야 한다고 목소리를 높였다(프랑스 만화 '아스테릭스'도 보나마나 꼭 읽으라고 했겠지).

창! 창! 창!

기마병이 창을 휘두르면 적군 하나만 나가떨어지지만 다 빈치가 만든 무기인 세 개 창은 한 번에 여럿을 꼬치구이로 만들어 버린다. 창 하나는 기마병이 들고 나머지 창 둘은 안장에 달았다.

사다리 퇴치기

중세 시대와 르네상스 시대에는 피에 굶주린 적군이 성을 둘러싸는 일이 잦았다. 이처럼 반갑지 않은 손님을 보내기 위해서 다 빈치는 적군이 성벽에 사다리를 대면 밀어내는 무기를 만들어 냈다. 더구나 적군이 우르르 몰려올 때를 대비하여 한 번에 사다리 다섯 대를 밀어내는 기발한 장비였다.

칼 뺏는 기막힌 방패

 적군이 겨눈 칼이 아군의 방패에 닿는 순간 방패 앞문이 열리고 덫처럼 생긴 게 튀어나와 적군의 손에서 칼을 빼앗는다.

 다행히도 다 빈치는 야수 같은 체사레 보르자 밑에서는 잠깐 있었을 뿐이다. 보르자는 유명한 아버지가 세상을 떠나자 공포 정치에 억눌렸던 사람이 들고일어날까 두려웠다. 그래서 에스파냐로 달아났다. 다 빈치는 보르자 밑을 나와 얼마 지나지 않아 피렌체로 돌아왔다. 거기에서 죽을 때까지 최고의 맞수라고 할 수 있는 젊은 예술가와 마주친다.

프레스코 스타

　1503년에 피렌체는 (역시나 또!) 피사와 전쟁을 벌이고 있었다. 51세에 접어든 다 빈치는 머리와 수염이 희끗희끗 그야말로 노인네 취급을 당했다. 다 빈치가 밀라노를 비롯한 이탈리아 여러 곳에서 열심히 만들고 그리는 동안 앞날이 창창한 젊은 예술가들이 피렌체에서 두각을 나타냈다. 다 빈치가 1470년대에 한창 날리던 무렵, 고작 코흘리개였던 이들이 다 빈치의 맞수가 될 만큼 크게 자라 있었다. 그 애송이들 중에서도 가장 눈엣가시 같은 녀석이 있었다. 녀석은 무지무지 유명하고 너무너무 까다로운 젊은이였다.

미켈란젤로 부오나로티(1475~1564년)
　미켈란젤로는 뛰어난 조각가이자 건축가이자 프레스코 화가이자 시인으로, 다 빈치처럼 피렌체 대가의 공방에서 배움을 마쳤다. 미켈란젤로는 아주 젊었을 때부터 로렌초 데 메디치의 눈에 들었다. 로렌초는 미켈란젤로의 재주를 한눈에 알아보고는 집에 데려다 일을 맡겼다. 훗날 미켈란젤로는 교황 율리우스 2세의 부름을 받고 로마로 가서 교황이 묻힐 근사한 무덤을 새로 설계하는 한편 대리석상 〈노예 상〉을 조각하는 등 걸작을 만들었다.

미켈란젤로는 성경에 나오는 위인들을 우람하고 근육이 튀어나온 영웅으로 조각했지만 정작 본인은 땅딸막하고 꾀죄죄했다. 코가 휘었는데 그것은 다른 조각가와 다투다가 코뼈가 부러졌기 때문이다. 걸핏하면 멱살 잡고 싸울 만큼 따지기 좋아하는 성격이었던 것이다.

하지만 믿기지 않을 만큼 부지런했고 몸을 사리지 않고 조각에 매달렸으며 작업실에서 빵 한 조각과 포도주 한 병으로 먹고 잤다. 또한 잘 씻지도 않았으며 왜 그런지 가장 좋아하던 개가죽 신발을 거의 벗지도 않았다.

미켈란젤로의 유명한 작품 웅장한 〈다비드 상〉은 양치기 소년 다윗을 조각한 것이다. 원래 다른 조각가가 손 놓은 작품인데, 대리석 덩어리가 워낙 커서 한동안 아무도 손댈 엄두를 못 냈다고 한다.

하지만 가장 유명한 작품은 로마의 시스티나 성당에 그린 웅장한 천장화다. 〈천지 창조〉를 비롯하여 성경 창세기에 나오는 이야기를 그려 놓았다. 천장은 미식축구장 1.5배에 이르는 크기인데 미켈란젤로는 조수들이 그림 그리는 일에 맞지 않다고 생각하여 깡그리 쫓아냈다. 그래서 홀로 비계에 올라가 젖은 회반죽에 프레스코 기법으로 그리다 보니 무려 4년이 지나서야 붓을 놓았다.

그때에 최고로 꼽히던 미켈란젤로는 다 빈치가 부러워할 만한 작품을 많이 맡았다. 따라서 다 빈치는 미켈란젤로의 뛰어난 재주와 젊음을 샘냈다.

다 빈치는 조각도 나름대로 장점이 있지만 조각을 별로 대수롭지 않게 여기고 미술이 훨씬 좋은 분야라고 생각했다.

다 빈치의 선택: 조각 대 그림

조각: 대리석이나 청동이 오래간다는 점은 나도 인정을 한다. 하지만 그게 전부다! 그림에 비하면 조각은 어림도 없다. 확실히 그렇다.

게다가 눈곱만큼도 돌아볼 틈이 없다. 사람이 녹초가 되는 데다 꼬질꼬질해진다. 그저 숨을 헐떡이고 땀을 뻘뻘 흘리며 깎고 또 깎을 뿐이다. 또한 먼지를 뒤집어쓰므로 나중에는 밀가루 범벅인 제빵업자나 눈보라를 맞은 사람처럼 보인다.

뿐만 아니라 집에 부스러기와 돌조각이 날려 돌무더기처럼 쌓인다.

그림: 두말할 필요도 없다! 그림은 즐겁다. 머리를 쓰는 일이다! 편안한 의자에 앉거나 좋은 옷을 차려입어도 된다. 붓은 무겁지 않으며 아름다운 색을 살짝살짝 묻힐 뿐이다. 집이 더러워질 일도 없으며 그림 그리다 음악을 듣기도 한다. 또는 마음이 내키면 책을 읽어 달라고 할 수도 있다. 무조건 그림이 최고다!

광장의 대결

어느 날, 다 빈치는 예술가 친구와 아름다운 피렌체 광장을 거닐고 있었다. 사람들이 의자에 앉아서 예술이나 이런저런 이야기를 늘어놓다가 위대한 다 빈치에게 어떤 시에 대한 질문을 던졌다. 바로 그때 누군가 광장을 부리나케 달려가고 있었으니 다름 아니라 퉁명스러운 미켈란젤로였다. 다 빈치는 대답을 하는 대신 미켈란젤로를 가리키며 이렇게 말했다.

까다로운 조각가 미켈란젤로는 여느 때처럼 기분이 꿀꿀했던지라 다 빈치가 자기를 놀린다고 생각하여 대뜸 이렇게 대꾸했다.

다 빈치는 그런 모욕에 말문이 막혔고 얼굴은 분홍색 옷보다 더 붉어졌다. 다 빈치가 뭐라고 한마디 톡 쏘기도 전에 미켈란젤로가 고개를 돌려 한마디 덧붙였다.

대강 그런 내용이었다. 다 빈치는 화가 머리끝까지 치밀었다.

대가들의 결투!

훗날 1503년에 니콜로 마키아벨리와 피렌체의 거물들은 당대 최고의 예술가 둘을 골라서 대회의장 양쪽 벽에 아주 웅장한 전쟁 그림을 한 점씩 맡기기로 했다. 마키아벨리가 자기가 가장 좋아하는 다 빈치 이름을 올리자, 다른 사람들은 퉁명스럽고 개가죽 신발을 신은 미켈란젤로 이름을 올렸다.

다 빈치는 한쪽 벽에 앙기아리 전투를 기리는 큰 벽화를 그려 달라는 주문을 받았다. 피렌체군이 밀라노군을 무찌른 전투였다. 미켈란젤로는 맞은편 벽에 카시나 전투를 그려 달라는 주문을 받았다. 강에서 목욕하려고 옷을 벗던 피사군이 피렌체군의 손에 끔찍하게 쓰러져 간 전투였다.

다 빈치는 앙기아리 전투가 어땠는지 알고 싶어서 자세한 전투 기록을 군대 관계자에게 넘겨받았다. 기록에는 피로 얼룩진 내용이 담겨 있었다. 군인 숫자와 엄청난 사상자, 중요한 다리를 지킨 영웅, 전쟁터 구름 사이로 내려온 성 베드로(앞으로 하늘나라 문이 몇 번이나 열려야 할지 셈했던 모양이다).

하지만 다른 전투 기록에 따르면 죽거나 다친 사람은 단 한 명이었다(그것도 말에서 실수로 떨어진 덜떨어진 군인이었다). 머저리가 말에서 떨어진 일은 숨 막히는 큰 전투와 거리가 멀었지만, 다 빈치는 육탄전과 기마전 그림을 큼지막하게 그리기로 마음먹었다.

전쟁 장면을 이렇게 그려 봐

역시 흐물흐물하군!

앙기아리 전투 장면을 그리기에 앞서 스케치를 그리던 2년 동안 다 빈치는 주로 피렌체 산타 마리아 누오바 병원에서 시간을 보냈다. 몸이 아팠던 게 아니다! 알다시피 다 빈치는 본디 호기심을 타고났다. 따라서 하나라도 더 알고 싶은 마음에 남들이 등돌리는 곳까지 파고들었다. 말하자면 질척질척하고 흐물흐물하고 텅텅거리고 물기가 뚝뚝 흐르는 남의 몸, 즉 송장에 매달렸다!

여러 예술가처럼 다 빈치 또한 몸속 기관이 무슨 일을 하는지, 뼈와 근육은 어떤 모양인지, 그 둘이 서로 어떻게 잇닿아 움직이는지, 살갗 밑에 무엇이 있는지 알아내야  만 사람을 제대로 그릴 수 있다고 믿었다.

다 빈치는 기기묘묘한 기계 같은 몸이 어떻게 움직이는지 그 연구에 푹 빠졌으며, 왜 뚝딱거리고 쿵쾅대고 찍찍 내뿜고 펄쩍 뛰고 홱홱 움직이는지 너무너무 알고 싶었다.

다 빈치의 가르침

해부학: 화가는 인체 구조를 알아야 한다. 그 구조를 모르면 그림 속 인물이 딱딱하고 뻣뻣해진다. 그런 그림에서는 사람이 신기하고 경이로운 자연의 작품이 아니라 나무토막처럼 느껴질 뿐이다.

다 빈치는 평생토록 적어도 시체 30구를 해부하고 모조리 살펴봤을 것이다. 허파와 심장과 두뇌 등 온갖 기관을 해부했다. 또한 뼈를 자른 뒤에 속이 비었는지, 골수가 가득하지, 말랑거리는지 알아보았다. 인체 구조, 즉 사람이 어떻게 움직이는지 이해하려고 기다란 끝을 근육처럼 뼈에 매고는 힘줄이 뼈를 당기듯 끈을 흔들거나 잡아당겨 보았다.

몸속에서 꺼낸 장기는 흐물흐물 축 늘어지므로 다 빈치는 장기를 씻고 왁스를 넣어 원래 모양으로 만들어 놓았다.

다 빈치는 사람의 몸뿐만 아니라 곰과 소, 개구리, 원숭이,

새 따위 온갖 동물의 시체까지 자세히 살펴 사람과 동물이 어떤 점이 같고 다른지 알아보았다.

다 빈치는 적어도 인체 해부도를 200점이나 그렸다. 확실히 몰랐던지 짐작으로 그린 것도 몇 점 있지만 대부분 믿기 어려울 만큼 정확하다. 해부 드로잉 또한 대단히 훌륭해서 여러 작품이 세계 곳곳 미술관에 자랑스럽게 걸려 있다.

다 빈치가 인체 기관을 그렸던 놀라운 표현 기법은 사람들이 좋아했으며 후대 삽화가들까지 따라 그렸다. 우리 몸은 층층이 다르므로 다 빈치는 단면도라고 알려진 기법으로 그렸는데 오늘날 의학에서도 같은 방식으로 그린다. 다 빈치는 또한 모든 기관을 세 측면으로 그렸다.

다 빈치는 인체를 연구한 것에 대해 다음과 같이 말했다. "난 기적을 연구하고 싶다." 다 빈치는 해부를 마칠 즈음에 털어놓기를 무척 많은 것을 알아냈지만 전보다 훨씬 혼란스럽다며 인간 존재의 기적은 그저 신비로울 뿐이라고 했다. 또한 진심으로 영혼을 찾아내서 정확히 글로 쓰고 싶다고 말했다. 하지만 알다시피 그런 탐구는 결실을 맺지 못했다.

　다 빈치는 전쟁 그림을 그리기에 앞서 조사를 다 마치자 풀로 붙인 어마어마한 종이에 준비한 과정마다 카툰으로 아주 커다랗게 그려 놓았다. 그리고 1505년 6월 6일에 그림에 손대기 시작했다. 다 빈치는 든든한 비계로 올라가서 조수들이 미리 준비하고 다듬어 놓은 벽에 그림을 그렸다. 그러나 첫 번째 붓질을 하자마자, 하늘에 구멍이 뚫렸는지 안타깝게도 비가 억수같이 쏟아졌다. 빗물이 곳곳에서 차오르더니 다 빈치가 그림을 그리던 곳에도 빗물이 줄줄 샜다. 모든 것이 흠뻑 젖었으며 풀로 붙여 둔 카툰도 떨어져 나갔다.
　그런데도 다 빈치는 몇 주 뒤에 다시 팔을 걷어붙이고 그림을 그렸다. 다음에 터진 문제는 날씨가 아니었다. 벽면이 골칫거리였다. 다 빈치는 첫 번째 색칠을 하고 나서 물감이 빨리 마르도록 벽화 밑에 커다란 석탄 난로를 놓고 불을 피웠다. 안타깝게도 유화라는 물감의 특성 때문에 그림 위쪽에 바른 물감이 바닥으로 흘러내렸다.

1506년 5월에 다 빈치는 모든 게 헛수고였다는 것을 깨닫고 전쟁 그림을 미련 없이 접었다. 한편 미켈란젤로 또한 전쟁 그림에서 손을 뗐다. 그러나 미켈란젤로가 손을 뗀 까닭은 기법에 따르는 어려움이 아니었다. 바로 교황 율리우스 2세 때문이었다. 교황은 자기가 묻힐 무덤을 설계해 주는 동시에 시스티나 성당 천장까지 모조리 꾸며 줄 최고의 예술가를 바랐던 것이다.

그리하여 승자는……
그때에 이탈리아 거물들은 중요한 일거리를 미켈란젤로에게 계속 맡겼다. 그 결과 건방진 애송이는 늙은 화가에게 미운 털이 박혔다. 다 빈치는 화구를 챙겨 프랑스로 휙 떠났다. 그런데 떠나기 전에 세계에서 가장 유명한 그림을 그리면서 결국 마지막 웃음을 짓게 되었다. (마지막 미소라고 해야 하나?)

신비한 미소!

    1505년 무렵 다 빈치는 미소 짓는 여인을 유화로 그렸다. 세로 77cm에 가로 53cm인 〈모나리자〉는 지구상에서 가장 유명한 그림이다. 이런저런 이유로 〈모나리자〉는 사람들이 아주 좋아하여 세상에 널리 알려진 작품이다. 몇몇 사람은 전시실에서 관람객이 어디로 가든 모나리자의 눈이 따라오기 때문이라고 한다. 그 밖에도 모나리자를 바라보고 있노라면 모나리자의 입술이 살며시 떨린다는 말도 있다. 어떤 미술 전문가는 뿌연 스푸마토 기법 때문에 모나리자가 신비롭고 설레는 분위기를 자아낸다고 한다. 다 빈치는 이 그림을 얼마나 애지중지 아꼈던지 어디에 가더라도 꼭 들고 다녔다.

다 빈치는 결국 그 그림을 프랑스 국왕 프랑수아 1세에게 팔았다. 〈모나리자〉는 우아한 왕궁과 장엄한 대저택에 걸려 있다가 프랑스 혁명 때 시민들의 손에 들려 파리 루브르 미술관으로 옮겨 갔다. 나폴레옹은 권력을 잡고 나자 〈모나리자〉를 루브르에서 빼돌려 침실에 걸어 두었다.

다 빈치가 〈모나리자〉를 그린 뒤로 그 그림과 똑같은 그림이 셀 수 없이 그려지고 또 그려졌다. 토마토 통조림에도 모나리자 얼굴이 딱 붙어 있으며 냅킨이나 퍼즐이나 홀로그램이나 장신구와 집에서 쓰는 물건까지 온통 모나리자 얼굴이 붙어 있다. 변기에 두는 방향제에도 모나리자의 얼굴이 붙어 있다.

모나리자가 진짜 누구인지 확실히 밝혀지지 않았다. 미술 전문가들은 모나리자가 부유한 상인인 프란체스코 델 조콘도의 아내라고 여긴다. 그래서 〈모나리자〉를 흔히 라 조콘다로 부르기도 한다. 그런데 뭐든 아는 척하는 몇몇 예술가는 모나리자가 부유한 이탈리아 남자들이 졸졸 쫓아다니던 몸 파는 여자일지 모른다고 떠벌렸다. 어떤 사람은 심지어 모나리자가 다 빈치의 엄마일 수도 있다고 한다! 사람들이 〈모나리자〉 그림을 그렇게 좋아하는 까닭은 입가에 머문 신비한 미소 때문이다.

그때 그린 초상화를 보면 사람들의 얼굴은 심각하고 무뚝뚝해 보인다(원래 표정이 그랬다). 그렇다면 모나리자는 왜 웃음을 머금었을까? 어떤 사람은 다 빈치가 음악가와 광대와 이야기꾼을 데려다 놓고 모나리자를 그렸기 때문이라고 한다. 또한 〈모나리자〉는 가발을 쓴 다 빈치의 자화상이라 자기 장난에 스스로 미소 짓는 거라고 하는 사람들도 있다. 어떤 사람은 모나리자가 틀니를 하고 있어서 조심하느라 얄궂은 미소를 지었다고 잘라 말한다.

〈모나리자〉의 굴욕

• 1919년에 프랑스 예술가인 마르셀 뒤샹은 〈모나리자〉를 베낀 그림에 귀여운 콧수염과 능청맞은 염소수염을 장난삼아 그려 놓았다. 그림을 L. H. O. O. Q.라고 불렀다. 프랑스 어 발음으로 읽으면 '엘아 슈오 오 큐(Elle a chaud au cul)', 즉 '여자의 엉덩이는 뜨겁다'란 뜻이 된다. (예술가들이란 진

짜 못 말린다!)

- 1983년에 일본 예술가인 타드히코 오카와는 〈모나리자〉를 자기만의 기법으로 만들어 냈다. 그러나 유화가 아니었다. 식빵 1,436개를 모자이크처럼 붙여 만든 〈모나리자〉였다. 진짜로 그랬다!

오카와는 〈모나리자〉를 은박지에 스케치하고 조각조각 오려 내서 크기에 맞게 식빵을 하나하나 올렸다. 그림에 맞는 색깔이 나올 때까지 식빵을 구운 뒤에 순서대로 맞추어 바삭바삭한 대작을 만들었다.

- 〈모나리자〉의 좌우에 있던 돌기둥 두 개는 모나리자가 기대고 있던 창틀이었다. 무엇 때문인지 누군가 그림 양쪽을 6cm씩 잘라 내는 바람에 창틀이 사라졌다. 창틀은 다시 살아나지 않았다. (난로에 지필 땔감이 없어서 그랬을까?)

- 수백 점에 이르는 〈모나리자〉 모방작을 살펴보면 모나리자가 a) 속옷 차림으로 오토바이에 올라타고 b) 고릴라로 나오고(제목: 모나 고릴라) c) 머리에 헤어 롤러를 말고 있거나 d) 클린트 이스트우드 영화배우를 창문 밖으로 훔쳐보는 모습인데 그 영화배우는 황야의 한 마을에서 야비한 표정으로 아무것도 걸치지 않은 채 서 있다.

• 1911년에 루브르 미술관에서 일하던 이탈리아 사람이 〈모나리자〉를 작업복 속에 숨겨 달아났다. 사람들은 화들짝 놀라 별안간 텅 비어 버린 벽을 직접 보려고 무려 수천 명이 루브르 미술관으로 달려왔다. 〈모나리자〉는 결국 2년에 걸쳐 다시 손질을 했다. 그동안 사기꾼 예술가들은 여섯 점이 넘는 가짜 〈모나리자〉를 도둑맞은 '원본'이라고 우기며 미국 사람들에게 팔았는데 그 미국 사람들은 눈곱만큼도 의심하지 않았다.

• 루브르 미술관에서 일하는 어떤 안내인은 〈모나리자〉에 푹 빠져서 그림에 자주 말을 걸었다. 그리고 관람객이 〈모자리자〉를 바라보면 질투심을 이기지 못했다. 모나리자가 관람객에게 특별한 미소를 던진다고 생각했기 때문이다. 얼마 지나지 않아 안내인은 그 자리를 그만두어야 했다.

- 〈모나리자〉는 여전히 루브르 미술관에 걸려 있으며 전시실이 따로 있다. 하지만 모나리자는 결코 외롭지 않다. 날마다 관람객 14,000명이 다녀가기 때문이다.

15세기 예술가들은……

모나리자가 싱긋 웃는 까닭을 아직 모르겠지만 한 가지는 확실하다. 다른 그림처럼 〈모나리자〉 또한 다 빈치가 주문을 받아 그린 그림이라는 것이다. 즉 누군가 다 빈치에게 값을 치르겠다며 그려 달라고 한 그림이다.

초기 르네상스 시절 예술가들은 배관공이나 제화공이나 목수처럼 기능공 같은 사람이었다. 그저 돈을 내는 부자의 말에 따라 아름다운 작품을 그려 주면 그만이었다.

르네상스 시대에는 예술가 둘 이상이 그림이나 이런저런 작품을 만드는 일이 흔했으므로 작품에 거의 서명을 남기지 않았다. 다 빈치 또한 작품을 그릴 때 드로잉은 자기가 그렸지만 색

칠은 한두 명 조수의 도움을 받았다.

하지만 르네상스 시대에 다 빈치나 미켈란젤로나 라파엘로나 티치아노 같은 예술가는 훌륭한 작품으로 이름을 날리며 기능공에서 벗어났다. 그 결과 예술가를 바라보는 눈길이 바뀌기 시작했다. 더 나아가 몇 세기 뒤에는 '내가 얼마나 감각 있고 잘 그리면 나만 바라보겠어. 난 잘나서 탈이야.' 하는 (천여 명) 예술가들까지 나왔다.

어느 다락방에 다 빈치 작품이 있지 않을까?

다 빈치가 손바닥이 부르트도록 (조수도 함께) 그렸지만 지금까지 남아 있는 그림은 27점뿐이다. 그중에서도 확실히 12점만 다 빈치 혼자 그렸다. 어쨌든 알려진 작품은 그게 전부다. 다 빈치는 그림에 서명을 하거나 제목을 붙이지 않았으므로 얼마나 많은 다 빈치 걸작이 흙먼지를 뒤집어쓴 채 쟁반이나 문풍지나 닭장 지붕으로 쓰였는지 알 길이 없다. 따라서 어느 이탈리아 골동품 가게에 들렀을 때 눈을 크게 뜨고 이리저리 뒤진다면 다음에 나오는 사람처럼 행운을 거머쥘 수도 있다.

1480년 무렵에 다 빈치가 그린 그림 속에서 성 히에로니무스

(4세기 은둔자이자 성경 번역가)가 동굴 어귀에 앉아 몹시 괴로워한다(커다란 바윗돌로 자신을 사정없이 내리치고 있으니 그럴 수밖에 없다). 그 곁에는 배고픈 표정으로 호시탐탐 성 히에로니무스를 노리는 사자가 나온다. 성 히에로니무스가 사자 발바닥에 박힌 가시를 뽑아 줬건만 사자는 조금도 고마워하는 빛이 없다.

다 빈치는 그 작품을 제대로 그리지 못하고 말았다는데 그 뒤로 그 그림이 어디로 갔는지 안개 속이었다. 약 350년 뒤에 나폴레옹 보나파르트의 삼촌(진짜 맞다)이 로마 거리를 거닐다가 우연히 중고품 가게를 둘러보게 되었다. 그런데 자그마한 찬장이 이상한 문짝을 달고 가게 뒤쪽에 처박혀 있기에 나폴레옹의 삼촌은 그것을 꼼꼼히 살펴보았다.

문짝을 좀 더 살펴보았더니 무척 슬픈 얼굴이 보였다. 아무래도 커다란 바윗돌로 자신을 내리치던 사람의 한 부분인 것 같았다. '세상에! 이건 르네상스 시대 사라진 걸작의 부분일지도 몰라.' 과연 그랬다! 옛날에 어떤 멍청이가 성 히에로니무스의 얼굴을 오려 내어 망가진 가구를 고쳤던 것이다. 나폴레옹의 삼촌은 재빨리 그 찬장을 산 뒤에 나머지 그림을 찾아다녔다. 몇 달을 찾고 또 찾다가 역시 로마에 있는 구두 가게에서 찾아냈다. 그림이 나막신으로 바뀐 것은 아니었다! 구두 수선공은 그림을 작업대에 못질해 두었다. 그리하여 성 히에로니무스는 앙상한 몸뿐만 아니라 은혜를 모르는 사자와 다시 만났다.

높은 야망과
신기한 종달새

1505년, 〈모나리자〉의 얼굴에 미소를 그릴 무렵 다 빈치는 새의 비행에 대한 글을 썼다. 어릴 때부터 새에 푹 빠져 있었고 새가 하늘을 여유롭게 날아다니는 모습을 신기하게 보았다.

그러다 보니 틈만 나면 미친 듯이 새를 연구했다. 즉 사람이 중력을 이겨 내고 땅을 박차며 날아오를 수 있는 방법을 찾아 나섰다. 1490년대에는 날갯짓을 정확히 알아내고 어마어마한 글을 남겼으며 날개와 깃털과 비행 구조에 이르는 연구를 마쳤다. 다 빈치는 이런 결론을 내렸다.

> 새는 자연 법칙에 따라 움직이는 기구나 다름없다.
> 그러므로 사람도 그런 기구를 만들어 낼 수 있다.

다 빈치는 자기가 한 말을 이루어 보려고 애를 썼다. 다 빈치가 설계한 날개 넷 달린 기계는 가엾은 조종사가 두 손과 두 발로 손잡이를 마구 돌리고 머리로는 피스톤을 계속 밀어 올려야 하는 기계였다.

이것이 세상에 나왔더라면 오늘날 우리가 날아가는 방식도 달라졌을 것이다.

비행의 꿈

다 빈치는 사람도 날 수 있다고 굳게 믿고 모형 비행기구를 만들기 시작했다. 그런데 누가 그것을 훔쳐 갈까 봐 그 일을 비밀로 부쳤으며 창문을 판자로 막아 놓았다.

다 빈치는 사람이 엄청 커다란 날개를 달고 팔을 마구 휘저으면 바닥으로 사뿐히 내리리라고 생각했다. 밀라노 궁전 꼭대기에서 훌쩍 뛰어내려 그 장치를 실험해 보려고 했던 것 같다. 소문에 따르면 제자가 실제로 뛰어내렸지만 바라는 결과를 얻지 못했다고 한다.

나사처럼 생긴 비행기구

다 빈치는 아주 유명한 미래의 비행기구를 밀라노에 머물던 1480년대에 생각해 냈다. 그것을 흔히 초기 헬리콥터였을 거라고 일컫는데 다 빈치는 공중 나사 기구라고 불렀다(헬리콥터처럼 쌈박하게 들리지는 않는군). 다 빈치가 말하기를…….

다 빈치는 넷이서 가운데에 모여 손잡이를 눌러 축을 돌리면 공중 나사가 돌아갈 거라고 생각했다.

수직 낙하 천막

1438년에 다 빈치는 사람이 천막처럼 보이는 것에 매달려 있는 그림을 그렸다. 그 옆에는 누구나 12m짜리 천과 막대기를 갖고 있으면 아무리 높은 곳에서 떨어져도 멀쩡할 거라는 글을 끼적거려 놓았다.

바로 초기 낙하산인데 로마군이 치던 천막을 본뜬 것이다. 알려진 바에 따르면, 아무도 낙하산을 시험하거나 만들려고 나서지 않았다. 16세기 이탈리아에서는 그런 장비가 별로 쓸모없었을 테니까. 따라서 400년이 지난 뒤에야 높은 비행기에서 뛰어내릴 장비를 누군가 발명해 냈다.

그런데 2000년 6월에 아주 용감한 영국 바보가 다 빈치가 생각한 천막 낙하산을 메고 열기구에서 뛰어내렸다. 무려 3,000m 높이에서 뛰어내렸으며 전문가들이 어림없는 일이라고 큰소리쳤지만 그 영국 사람은 살았다. 하지만 속임수가 조금 있었다. 낙하산을 16세기 재료로 만들었다면 그 무게만도 85kg(튼튼한 남자 몸무게)이나 나가므로 그대로 철퍼덕 떨어졌을 것이다. 그런 나쁜 일을 피하기 위해 용감한 영국 사람은 600m 상공에서 오늘날의 재료로 만든 낙하산을 활짝 폈다.

사라진 다 빈치 공책 1506~1514년

1506년

요즘 새롭게 떠오르는 거물의 주문을 받으러 밀라노에 다녀왔다. 프랑스 루이 12세다! 루도비코 스포르차 공작을 물리친 루이 12세는 지금 북부 이탈리아를 차지하고 있다. 루이 12세는 내 그림이 최고라고 생각한다! 다른 일만 없었더라면 무척 기분이 좋았을 텐데! 불쌍한 프란체스코 삼촌이 돌아가셨다! 함께 언덕을 즐겁게 누비던 생각을 떠올리니 눈물이 흐른다.

1508년
그동안 피렌체와 밀라노를 여러 번 오갔다. 밀라노에 온 프랑스 총독을 위해 냉방 장치를 설계했다. 물로 돌리는 장치인데 음악도 함께 흘러나온다. 총독 맘에 들어야 할 텐데!

1509년
친구 파치올리 수학자가 내가 그린 삽화와 관련된 비례와 형태와 미에 대한 책을 냈다. 그렇다! 분명히 수학 안에 예술이 있고 예술 안에 수학이 있다!

1512년
골치 아픈 스파게티!
믿어지지 않지만 메디치 가문이 피렌체에서 다시 권력을 잡았다.

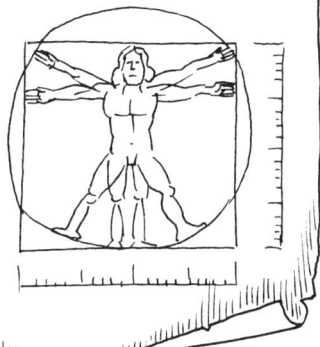

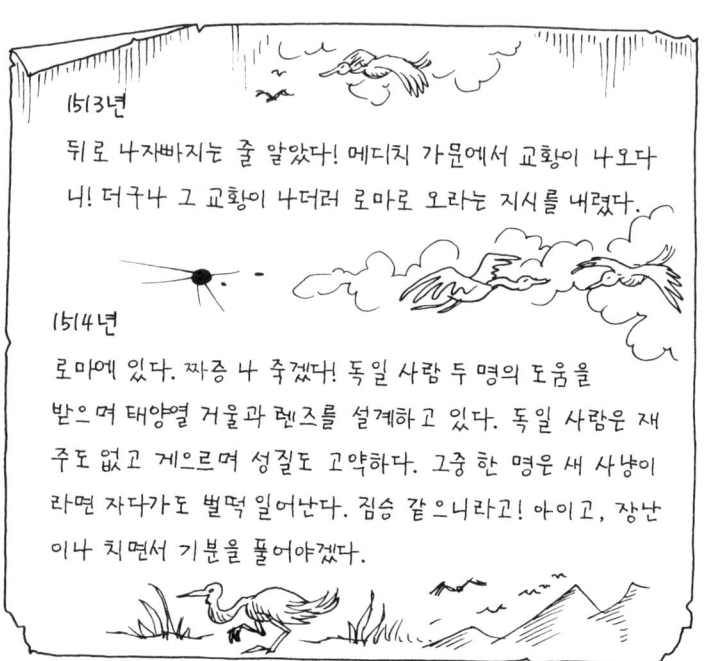

다 빈치의 짓궂은 장난

다 빈치는 예술과 과학에만 뛰어난 게 아니라 짓궂은 장난에서도 다 빈치를 따라갈 사람이 없었다. 상상력이 엄청났기에 그럴싸한 속임수를 척척 잘 꾸며 냈다! 다 빈치는 다음과 같은 장난꾸러기 짓을 벌였다.

마구 부풀어 오르는 창자

다 빈치는 소의 내장(소화관이나 창자 같은 것)을 얻어 와 깨끗이 씻었다. 내장은 손바닥에 올려놓을 만한 크기였다. 다 빈치는 상류층 사람들이 모이기로 한 방으로 슬쩍 들어가서 바람을 일으키는 풀무에 내장을 끼우고 풀무를 옆방에 감춰 두었다.

사람들이 방으로 들어섰을 때 다 빈치가 풀무를 밟자 내장은 부풀어 올랐다.

주의: 따라 하지 말 것

무시무시한 용이 나타나다

독특한 애완동물을 갖고 싶었던 다 빈치는 죽은 도마뱀과 뱀 비늘로 자그마한 날개를 만들어 온도계에 넣는 수은을 칠했다. 그러고는 살아 있는 커다란 도마뱀을 잡아서 날개를 달았다. 아주 무시무시하게 보일 셈으로 그 도마뱀에 커다란 가짜 눈과 엄청난 뿔 한 쌍과 멋들어진 턱수염도 붙였다. 그렇게 반짝반 짝 멋들어진 용을 길들였고 커다란 상자에 넣어서 갖고 다녔 다. 유달리 겁 많은 (아니면 멍청한) 사람들이 모임에 나오면 다 빈치는 기괴한 애완동물을 풀어 놓았다. 애완동물이 이리저리 뛰어다니는 모습에 사람들은 비명을 지르며 달아났다. (고질라는 요즘에 나온 괴물이 아니었다!)

속에 가스가 부글부글

다 빈치는 왁스 반죽을 얇게 밀어서 가볍고 속이 빈 동물 모형을 만든 뒤에 바람을 불어넣어 풍선처럼 부풀렸다. 어느 정도 커지고 빵빵해졌을 때 손에서 놓으면, 동물 모형이 요란한 소리를 내며 미친 듯이 날아다녔다.

그리고 다음 세 가지 묘기도 모임에서 선보였다고 전한다.

사라진 다 빈치 공책 1517~1519년

1517년 봄

여기는 프랑스다! 나는 프랑수아 왕 밑에서 일하는 수석 화가이자 건축가이자 공학자가 되었다. 우리가 이탈리아에서 여기까지 오는데 석 달이 걸렸다. 이제는 늙은 몸이라 파김치가 되고 말았다! 오는 길에 알프스 산을 가로질렀는데 신기한 광경을 곳곳에서 보았다. 독수리들이 산봉우리 위로 솟구치며 날아올랐고 큰 뱀들이 미끄러지듯 기어갔으며 늑대 한 무리가 숲 속을 소리 없이 스쳐 갔다. 옷가지와 그림 도구, 공책, '웃는 여인'까지 세 점이나 되는 그림 등속을 넣어 둔 가방과 궤짝을 노새들이 줄을 지어 날랐다!

그렇다. 남김없이 들고 왔다! 잘 있어라, 이탈리아여. 이 몸은 영원히 떠나신다!

1517년 여름

프랑스 프랑수아 왕이 나에게 아름다운 집을 내려 주었다. 집은 클루 지역에 있으며 살라이와 멜치(나와 친한 젊은 예술가)도 함께 옮겨 왔다. 8,000m²가 넘는 아름다운 정원이 딸렸고 왕궁까지 굴로 이어져 있었다. 왕은 하루가 멀다 하고 이곳으로 와서 나와 잡담을 나누다 간다! 무척 즐겁다! 왕은 내가 최고의 화가이자 공학자이자 건축가라고 치켜세운다. 안타깝게도 나는 그림을 그리지 못한다. 요즘에 무슨 병 때문인지 팔에 마비가 왔다. 다 나이가 든 탓이겠지. 그래도 드로잉은 조금씩 한다. 왕은 나의 풍부한 지식에 놀라워한다. 우리는 자주 따스한 불 가에서 즐거운 대화를 이어 나간다. 오늘은 영혼이 과연 무엇인지 이야기를 나누었다. 아쉽게도 왕에게 알려 주지 못했다! 왕이 나에게 엄청 많은 돈을 댄다는 것이야말로 가장 중요하다! 뭘 더 바라겠는가?

1518년

왕과 친구들을 위해 자동인형 사자를 척척 움직여 보였다. 전에도 한 번 보여 줬는데 프랑스 귀족들이 특히 좋아한다! 그것은 내가 예전에 만들었던 큰 기계 사자다. 기계 사자가 고귀한 손님 앞으로 몇 발자국 걷다가 벌떡 일어나면 신선한 백합 한 다발이 배에서 튀어나온다. 그럴 때마다 탄성과 웃음과 환호가 한 바탕 쏟아진다!

1519년 4월 23일
오늘은 기운이 하나도 없다. 사실, 몸이 영 좋지 않기에 유언장을 써서 금고에 넣어 두었다! 이 탈리아에 있는 포도밭은 하인과 살라이에게 반씩 나눠 주었다. (살라이는 받을 자격이 없지만!) 그리고 멋진 예복은 여기에서 시중들어 준 여인에게 남겼다.

    레오나르도 다 빈치는 1519년 5월 2일에 67세의 나이로 세상을 떠났다. 소문에는 왕의 팔에 안겨 죽었다고 한다. 하지만 프랑스 왕은 그때 수 킬로미터 떨어져 있었으므로 그 이야기는 희망일 뿐이라는 말도 있다.

게으른 천재

레오나르도 다 빈치의 시신은 프랑스에 있는 한 예배당에 묻혔는데 훗날 쑥대밭으로 변했다. 1802년에 나폴레옹이 그곳을 깨끗이 치우라고 명령했다. 그런데 그 일을 맡은 사람이 납으로 가장자리를 두른 관에서 해골을 빼내고 납을 녹여서 팔았다(해골이 아니라 여러 관을). 한 무더기로 나온 뼈와 해골은 이리저리 흩어졌다.

짓궂고 엽기적인 동네 아이들은(애들은 원래 그렇다) 뼈로 볼링을 하며 놀았다. 훗날 정원사가 남은 뼈를 한꺼번에 큰 무덤으로 던졌는데 누군가 그 뼈를 정리했다. 그 남자는 다른 것보다 훨씬 커다란 머리뼈를 보자, 다 빈치 머리뼈

라고 보았다. 어마어마하게 뛰어난 다 빈치는 두뇌가 작을 리 없다고 생각했기 때문이다. 그 남자는 머리뼈와 뼛조각을 무덤에 묻고 비석을 새겼다. '레오나르도 다 빈치로 보이는 유골 여기에 잠들다.'

다 빈치가 죽은 뒤에 프란체스코 멜치는 그 위대한 인물이 쓴 공책을 들고 이탈리아로 돌아갔다. 그전에 먼저 밀라노로 돌아간 살라이는 얼마 지나지 않아 화살에 맞아 죽었다고 전한다(보나마나 몹쓸 짓을 저질렀겠지). 멜치가 죽은 뒤에는 그 아들이 돈을 받고 다 빈치 공책을 팔아넘겼다. 사방으로 흩어진 공책은 사라지거나 찢어지거나 불에 탔다.

그 결과 여러 해 동안 사람들은 다 빈치가 쌓은 공학이나 과학 쪽 업적은 전혀 모른 채 그림을 그린 화가로만 알았다. 그러다가 1800년대에 이르러 상류층 사람들이 다 빈치 공책을 열심히 찾아내어 소장품으로 간직했다. 그러자 세계가 다 빈치를 새롭게 비추었고 다 빈치가 훌륭한 예술가일 뿐만 아니라 뛰어난 공학자이자 해부학자이자 발명가이자 건축가라는 것을 깨달았다. 게다가 이 위대한 인물이 뛰어다녔던 때가 몇 세기를 거슬러 올라가 15세기 이탈리아라는 점에 새롭게 눈떴다. 분야마다 연구가들이 다 빈치 공책과 드로잉에 관심을 기울였다. 그러다 다 빈치가 평생 눈코 뜰 새 없이 바빴다는 사실에 놀라움을 금치 못했다!

하지만 다 빈치의 생각은 달랐다. 죽기 며칠 전에 적어 둔 글을 보면, 자신이 최선을 다해 예술에 매달리지 않았기 때문에 하느님이 자신을 흐뭇해하지 않을 거라고 했다!

다 빈치가 게으름뱅이라니!

앗, 시리즈 (전 70권)

앗, 이렇게 재미있는 수학이!

어렵고 지루했던 수학이 순식간에 쉽고 즐거워집니다. 수학의 기초 원리에서부터 응용까지, 다양한 정보와 교양을 골라서 일목요연하게 정리해 줍니다.

01 수학이 모두 모여 수군수군
02 수학이 수리수리 마술이
03 수학이 수군수군
04 수학이 또 수군수군
05 수학이 자꾸 수군수군 1. 셈
06 수학이 자꾸 수군수군 2. 분수
07 수학이 자꾸 수군수군 3. 확률
08 수학이 자꾸 수군수군 4. 측정
09 대수와 방정맞은 방정식
10 도형이 도리도리
11 섬뜩섬뜩 삼각법
12 이상야릇 수의 세계
13 수학 공식이 꼬물꼬물
14 수학이 꿈틀꿈틀

앗, 시리즈 (전 70권)

앗, 이렇게 재미있는 과학이!

어렵고 지루했던 과학이 순식간에 쉽고 즐거워집니다.
복잡한 현대 과학의 기초 원리에서부터 응용까지
다루고 있으며, 다양한 정보와 교양을 골라서
일목요연하게 정리해 줍니다.

- 15 물리가 물렁물렁
- 16 화학이 화끈화끈
- 17 우주가 우왕좌왕
- 18 구석구석 인체 탐험
- 19 식물이 시끌시끌
- 20 벌레가 벌렁벌렁
- 21 동물이 뒹굴뒹굴
- 22 화산이 왈칵왈칵
- 23 소리가 슥삭슥삭
- 24 진화가 진짜진짜
- 25 꼬르륵 뱃속여행
- 26 두뇌가 뒤죽박죽
- 27 번들번들 빛나리
- 28 전기가 찌릿찌릿
- 29 과학자는 괴로워?
- 30 공룡이 용용 죽겠지
- 31 질병이 지끈지끈
- 32 지진이 우르쾅쾅
- 33 오싹오싹 무서운 독
- 34 에너지가 불끈불끈
- 35 태양계가 티격태격
- 36 튼튼탄탄 내 몸 관리
- 37 똑딱똑딱 시간 여행
- 38 미생물이 미끌미끌
- 39 의학이 으악으악
- 40 노발대발 야생동물
- 41 뜨끈뜨끈 지구 온난화
- 42 생각번뜩 아인슈타인
- 43 과학 천재 아이작 뉴턴
- 44 소름 돋는 과학 퀴즈

앗, 시리즈 (전 70권)

앗, 이렇게 재미있는 사회·역사가!

어렵고 지루했던 사회·역사가 순식간에 쉽고 즐거워집니다. 사회·역사와 담을 쌓았던 친구들에게 생생한 학습 의욕을 불어넣어 줄, 꼭 필요한 정보와 교양만을 골라서 일목요연하게 정리해 줍니다.

- 45 바다가 바글바글
- 46 강물이 꾸물꾸물
- 47 폭풍이 푸하푸하
- 48 사막이 바싹바싹
- 49 높은 산이 아찔아찔
- 50 호수가 넘실넘실
- 51 오들오들 남극북극
- 52 우글우글 열대우림
- 53 올록볼록 올림픽
- 54 와글와글 월드컵
- 55 파고 파헤치는 고고학
- 56 이왕이면 이집트
- 57 그럴싸한 그리스
- 58 모든 길은 로마로
- 59 아슬아슬 아스텍
- 60 잉카가 이크이크
- 61 들썩들썩 석기 시대
- 62 어두컴컴 중세 시대
- 63 쿵쿵쾅쾅 제1차 세계 대전
- 64 쾅쾅탕탕 제2차 세계 대전
- 65 야심만만 알렉산더
- 66 위풍당당 엘리자베스 1세
- 67 위엄가득 빅토리아 여왕
- 68 비밀의 왕 투탕카멘
- 69 최강 여왕 클레오파트라
- 70 만능 천재 레오나르도 다 빈치

위대하다고? 난 완벽한 전설이야!